脱アルコールの哲学

理屈でデザインする酒のない人生

前田 益尚

晃洋書房

はじめに

「酒や宗教で人を殺すものは多いがコーヒーや哲学に酔うて犯罪をあえてするものはまれである。前者は信仰的主観的であるが、後者は懐疑的客観的だからかもしれない。」

往年の物理学者、寺田寅彦は、「コーヒー哲学序説」という随筆（『寺田寅彦随筆集』第四巻、岩波文庫、１９４８年、pp. 67–73）で、以上のように述べています。ならば、酒から解脱したポスト・アルコホリズムという考えは懐疑的客観的で、哲学になれるかもしれません。

哲学には、数学の試験問題のような正解がありません。答えが、複数存在するのが哲学です。例えば、断酒という結果を導き出すために、複数の式が考えられるのが哲学的な思索です。

では、断酒できる公式には、どの様なバリエーションがあるのでしょうか。断酒とは、酒のない人生を設計すること、デザインすることです。デザインにも正解はありません。（情報をわかりやすく伝えるために、）効果を重んじるデザインもあれば、（多様な解釈を許容して、）美学を追究するデザインも考えられるでしょう。人生設計が、十人十色であるように、酒をやめる方法も、千差万別なのです。

ですから、本書の内容はその一例に過ぎません。俺のイタリアンならぬ、俺のサバイバルです。

アルコール依存症からの回復者は、酒のない人生のデザイナーを目指すことになるとも言い換えられるでしょう。

文化人類学者N．D．シュールの近著（２０１２）によると、ギャンブル依存症、スマホ依存症などの一因は、依存症になるべくデザインされて（仕組まれて）いるカジノの構造、機械の様式にあると分析されています（邦訳『デザインされたギャンブル依存症』青土社、２０１８年）。わかりやすく言えば、チャップリンの名作映画『モダン・タイムス』が描いた、機械化によって自動的に支配される人間像です。この結末は、自分の意志とは関係なく、アルコール最優先の思考が自動化した依存症者も同様でしょう。ならば、自動化した依存症から回復するには、そこから脱する新たな設計図、デザインが必要となるのです。それを考えるのが、まさに哲学的な探究です。

これまで、当事者である著者は、アルコール依存症について、周囲に遠慮して記述してきました。

まずは、治療者および支援者の皆さまへ、感謝の気持ちが先立つために畏れを禁じえませんでした。回復のきっかけを与えて下さった自助グループにも気づかいを忘れず、他の患者、仲間たちには配慮を怠らず、書いて参りました。

しかし今回は学者として、それらすべてを相対化して、何人にも気兼ねせず、残すべき真意を書き記したいと考えます。本書は、著者の哲学なのですから。そして、それが依存症者である前に、真理を追究する研究者の使命だと考えています。

ただ、一見クレイジーな提案、極論もあり、かなりの反感を招くでしょう。しかし本質は、酒なしでようやく冷静に考え抜いた社会学者が繰り出す！　ひたすらポジティヴで建設的なアイディアだとご寛恕頂ければ幸いです。

目　次

プロローグ

超病の発端、がん

２０１９年現在、断酒５年の著者が、真剣に病というものに向き合い超克せんとしたのは２００７年春、ステージ４に近い重篤な下咽頭がんと診断された時からです。

完治させるには、声帯を含めて患部を切除すると告げられましたが、即座に拒否。著者は、近畿大学文芸学部でトークマシンを自負する、教壇ライヴの知的エンターテイナーだと自惚れていたからです。声帯を残すならば、平均余命５年で放射線治療という選択肢を示され、迷わず5年しゃべり倒す道を選びました。そのあまりに潔い即断に、目の前の医師は、もうひとつの選択肢を提示してくれたのです。それが、声帯を残して下咽頭がんを切除するハイリスクで実験的な手術をする医師の紹介でした。マッチングを図った結果、実験的な手術をしてくれるゴッドハンドに一命を預けたのです。著者は以降、紹介された名医をゴッドハンドと呼びました。

ここで注意して頂きたいのは、当時、著者は守るべき家族のいない独身者だった事実です。だから、優先順位のトップに声帯温存を掲げて、一か八かの賭けに打って出られたのです。これが、守るべき家族がいたならば、違う決断に至っていたかもしれません。一家の大黒柱であれば、自分の美学より、家族のもとへ確実に戻ることが優先順位のトップに挙がっていたでしょう。もしも、声帯と共に患部を切除する手術が最もリスクが低くて、確かな方法なら、そちらを選んでいたはずです。同じ近畿大学の関係者に、声帯を取って、生還を果たしたアーティストがいます。モーニング娘。と**KINDAI GIRLS（近大ガールズ）**のプロデューサー！つんく♂さんです。喉頭がんだった彼が、声帯を取ってでも完治を望むという、家族のために下した決断は、尊いものです！

がん治療の選択にも、正解などありません。当事者が、何を優先するかで複数の解が考えられるのです。

独身でアナーキーでいられた著者は、**2007年、当時ゴッドハンドがいた京都大学医学部附属病院における約10カ月の入院で、抗がん剤投与、声帯を残して完治を目指す奇跡の手術、放射線治療といったフルコースの治療**を経て、現在に至るまで、転移も再発もなしという幸運に恵まれています。

現在は、がんに対して楽天的に向き合い超克したプラス思考、ポジティヴ・シンキングを、教壇から次世代に伝えています。**人生に、活路のない逆境などない**のだと。

注：治療すべてを、病院というテーマパークのアトラクションだとリフレーミングした(捉え直した)！ がんの楽観主義的な乗り越え方についての詳細は、拙著『楽天的闘病論——がんとアルコール依存症、転んでもタダでは起きぬ社会学』(晃洋書房)を、ご覧ください。

赤くなる恐怖の毒素

後に、アルコール依存症の診断を受け入れて、勉強してからわかったことですが、著者の下咽頭がんの原因は、アルコールの連続飲酒である可能性が高いと考えられます。著者は、お酒を飲むとすぐに顔が赤くなり、大量には飲めない体質でした。だから**素人考えで、依存症になど絶対にならない、なれない**と高を括《くく》っていたのです。にもかかわらず、後述するように、アルコールに頼り切ってちびちびでも連続飲酒していたことが、がん発症の引き鉄になり、その時すでにアルコール依存症になっていたのだと考えられるのです。

がん発症の引き鉄になるメカニズムは、こうです。人間は、アルコールを摂取すると、体内で酵素を働かせて、アセトアルデヒドという物質に分解します。この酵素を持ち合わせていないひとは、お酒を全く飲めません。

そして、分解されたアセトアルデヒドが、**毒素**なのです。お酒をよく飲めるひとは、このアセトアルデヒドも分解して排泄できる酵素を持っています。ところが、アセトアルデヒドを分解する酵素を十分に持ち合わせていないひとは、分解できずに**毒素のまま、体内に溜め込むことになり、その証拠のひとつが、すぐに顔が赤くなる現象**なのです。まさに、著者がそうでした。そして**この毒素が、体内に滞留することでがんを引き起こすリスクを高める**のです。

ですから、お酒は多少飲めても顔が赤くなったりすぐに吐くようなひとは、無理して飲んだり、少量ずつでも、依存症になるくらい連続飲酒していると、がんの発症リスクは格段に上がります。著者が、証明しています。

そして、アルコール依存症になるリスクは、大量飲酒だけではなく、連続飲酒にあることを再確認しておきます。**少量しか飲めなくても、手放せなくなったら、依存症者になる可能性が高いのです。**

「酒は百薬の長」という金言をもって、飲み続ける人がいますが、間違いです。昔の中国政府が酒税をたくさん取りたいがために、『漢書』から耳障りの良い「酒は百薬の長」だけを編集して拡散させたキャッチコピーに過ぎません。日本に伝来してからは、「**酒は百薬の長、されど万病の元**」と正しい警句に翻訳されているのです。

また、日本では合法的なだけで、酒＝**飲むアルコール類も、「エチル・アルコール」という万人に有害なれっきとした薬物**です。アメリカの調査では、アルコールの依存性、依存症になる割合は、覚せい剤や大麻よりも高いのです！（Anthony et al., 1994）

難しいアルコール依存症の啓蒙法

前著『楽天的闘病論』では、著者も自嘲気味に、アル中と記していました。でも回復するにつれ、まずはアルコール依存症という病気だという認識が、当事者も周囲も必要だと痛感しております。病気だから、対処できるのです。当事者がアル中と自虐的に語る反省の気持ち、意味合いはわかりますが、問題の超克を遅らせます。本書では、徹頭徹尾、アルコール依存症という病名で表記して、対応します。

　そして、高校の同級生だった精神科医に言われたひと言が、本書のタイトルに通じます。

「インテリは、酒を飲む理屈をいくらでも考えつくから、酒を止めるのは難しいよ。」

　その通り、社会学者である著者は、飲酒をとがめられる度に、飲む必要があると屁理屈をこねていました。さすが、小学校から同級生だった精神科医のツッコミです。

　しかし、回復の覚悟を決めた著者は、ならばポスト・アルコホリズム（脱アルコールの哲学）という、酒を止める理屈も考えられるはずだという結論に至りました。そして、断酒を続ける人生設計をデザインしていったのです。著者に、理屈をこねて蘇るきっかけを与えてくれた同級生、精神科医の言葉には本当に感謝しています。

　しかし、依存症予防の教育現場で、アルコール最優先という自動化された脳の回路を理解してもらうのは、難題です。わかりやすいが誤解されやすい比喩は、ゾンビです。ほとんどのゾンビ映画に共通する人喰い最優先で、喰う相手、人間も選ばないゾンビの**飢餓感**は、比喩に使われます。対象最優先の依存症者が起こす脳の誤作動だけ！を理解する理念型（あり得ないが、典型）になってしまうわけなのです。

もちろん、**依存症者（alcoholic）は、回復可能な生身の人間であり、死に体の化け物、ゾンビ（dead）ではありません。**しかし、哲学者になる前に社会学者の著者は、依存症者の人権だけを考えた〝正論〟より、常に民主主義の社会、日本の〝世論〟を納得させる！解決策を模索します（第Ⅳ章94−98頁参照）。

間違ってはいても、アルコールで発想を補っていた社会学者の著者にとって、創造性とは無縁で空回りのギャンブル、**カジノは必要ありません。**しかし例えば、ギャンブル依存症で、カジノの是非を考える時、大阪の夢洲にカジノを誘致したら、ギャンブル依存症者が大挙して押し寄せるかというと、そうでもないと著者は考えます。そこで、行動パターンだけを指して、ゾンビになぞらえられるのなら、ゾンビが目の前の人肉に食らいつくように、依存症者は、夢洲より手近にあるパチンコに行くはずです。だから、まず街中に氾濫するギャンブルを駆逐する必要性があると訴えて、世論に共鳴してもらうのです。

ただ、依存症者はゾンビではないので、カジノをきっかけに、ギャンブル依存症になる人もいるでしょう。しかし、町中に氾濫しているパチンコですら、抑止も抑制もできていないのが、日本の現状です。対策、政策としては、社会的責任として、カジノの経営母体に応分の税負担を課すしかありません。考え方は、１９７０年代、イギリスでブックメーカーを解禁したと同時に課したピグー税のような制度です。負の外部効果に課税して、社会的損失を補うのです。具体的に言うと、24時間３６５日駆け込み寺のような依存症専門の治療施設を、全国に配備して欲しい。著者が、否認の病、アルコール依存症を受け入れそうになった時、**即時治療や即時入院させてくれる病院や施設は、家族が必至で探し回っても、なかなか見つかりません**でした。そして多くの依存症者とその家族が、治療手段を見つけられず、見つかっても治療してもらえるまでに時間がかかり、路頭に迷って、最悪の結末を迎えています。**依存症は放っておけば、死に至る病**だということを、政治も覚悟して臨んで欲しいのです。例えば、カジノ先進国、シンガポールでは、課税と対策のトレードオフ

（引き換え）で、依存症者を3分の1に減らしたという実績もあります。

依存症者が、ゾンビと同様だと比喩されたり、理解されたりするのは、脳の中が、依存対象を最優先にする回路に変容している事態だけです。よって、叱っても、罰しても、欲求は止まりません。しかし、生きた人間ならば、著者がそうであるように、**適切な治療と支援を受け、自身で断酒に取り組めば、回復するのです。我々が身をもって証明して参ります。**

アルコール依存症超克への取り組み

アルコール依存症である現実を、否認し続けていた頭でっかち≒高機能（high function）の社会学者が、アルコホリズムという病気を認めたきっかけは、いわくら病院入院中でした。その間、頭を冷やして勉強して、研究テーマにできると考えたからです。

学者には、研究テーマにしたからには、乗り越えなければならないという使命感が湧きます。そして、必ず乗り越えられるという自負も生まれるのです。

12年前に、ステージ4に近い下咽頭がんと診断された著者は、闘病を研究テーマにしました。そして、ひたすら楽天的に病気と向き合う方法論を練って、がんを克服しているのです。

今回も同様です。

依存症を克服するためにも今後は、飲まないで生きるという明るい自分史をデザインする必要がありました。そして、その飲まないで生きる楽天的な自分史、人生、生き様こそが、ポスト・アルコホリズムという思想になるのです。

近代を乗り越えて、模索した価値観が、ポスト・モダニズムであったように、アルコール依存症を乗り越えて、模索する人生観が、ポスト・アルコホリズムなのです。

アルコール抜きで生きるとは、著者にとって、具体的にどんな人生設計でしょうか。天職だと信じている大学の授業を、シラフで行うことです。5年前まで、酒なしでは怖くて、授業などできませんでしたから。

そこで、2015年の教壇復帰以降、アルコール依存症をテーマにした授業をはじめました。

依存症の授業ならば、飲まずに手が震えても、説明がつきます（笑）。そんなこんなの試行錯誤の果てに、飲まなくても、伝えたいことを言えて、満足のいく授業ができるようになったのです。

市民に向けての講演の度にも言っていることですが、アルコールという薬物の力を借りなければできなかった授業も、適切なリハビリを経れば、お酒なしでも満足のいく授業ができるようになります。著者の場合は、一年間の休職の間に、自助グループ回りで、不特定多数を相手に体験発表をする**《場数》を踏んだ**結果、シラフでも酒の力を借りたのと同様か、それ以上の表現ができるようになりました！　一度とった杵柄《きねづか》です。アルコールなしでも、知的エンターテインメント・ショウは再現できるのです。脳は、アルコールによる報酬だけでなく、〝話術〟も覚えてくれていたのです。

詳細は本論で後述しますが、アルコール依存症をテーマにした授業、学生との質疑応答の一端を紹介します。

①「なぜ、アルコールが手放せなくなったのか?」‥

快楽のみを追求していたのではなく、精神科医の父から受けたDV（暴言、暴力）で、委縮した人格を解放する薬としてアルコールを使用していた。委縮して倒れそうな心を支える〝松葉杖〟としてのアルコールが、連続飲酒のはじまりです。（自己治療仮説）

②「なぜ、依存症になるまで飲んだのか?」‥

これ以上飲んだら依存症になるというレッドラインがわからない病です。量では測れないから、自己責任も問えないでしょう。少量ずつでも連続飲酒が依存症になるという皆知らない、誰にでもなる危険な病だったのです。

③「回復のきっかけは?」‥

最初のケースワーカーは、家族としての対応の仕方、CRAFT（Community Reinforcement and Family Training）を学んで、著者を病院につないでくれた賢明な妻でした。

★「自助グループに参加すれば、なぜ酒が止まるのか?」‥

断酒会もAAも、ユートピアではありませんが、著者には、同じ目標に向かって踏ん張れる、同じ境遇の友人がいる〝学校〟のような役割を果たしてくれました。

などなど参与観察から、自分の体験談で答えられるので、無理なく教壇復帰できたのです。そして、これが、著者の教員人生において、哲学としてのポスト・アルコホリズムを実現させるはじまりだったのです。

余談：道化としてのゾンビ像（案）

昨今、日本の医療機関では、オープンキャンパスならぬオープンホスピタルを行う総合病院が増えています。漢字圏における病の園というネガティヴなイメージを払拭して、ホスピタリティというポジティヴな癒しの園にイメチェンする志向でしょうか。しかしその内実は、簡単に治療や入院をエンターテインメント化できるわけもなく、お笑いタレントを呼んだり、病院スタッフがミニコンサートを開くなどして、来場者にひと時病の園を忘れさせる体験を提供するのが大方でした。ここはもうひと踏ん張り、拙著『楽天的闘病論』でも試みた病院のテーマパーク化、治療のアトラクション化など、病の当事者までもクルーに動員した楽天的なイベントを体現して欲しいものです。

近畿大学でオープンキャンパス委員を拝命してから3年間は、全日程に従事してきた著者が、現在オープンホスピタルに提案したいアイディアの一つが、（USJで行われているような）〝入院患者によるゾンビパレード〟。（精神科以外で、）患者さんから、志願者を募ります。鬱屈した入院生活に辟易としている患者たちの中には、大いなる気分転換を望む人もいるはずです。結果、ゾンビの仮装をするまでに自己を相対化できれば、自分探しの果てに、がんが見つかるなどして、絶望したり失望したりする時より、よっぽど自己治癒力や自然治癒力が高まるでしょう。素人専門家（lay expert）として、サバイバル患者の誕生です。

まさに起死回生のパレードですが、参加前と参加後、参加者と非参加者の血液検査を行えば、患者の免疫力を比較して、イベントの意義が検証できるはずです。2007年、ステージ4に近い下咽頭がんで入院していながら楽天的闘病家だった著者に、そんなチャンスが与えられていたなら、きっと率先してゾンビに化けていたでしょう。それが短期的であったとしても、生きがいになったと思います。大注目のパレードに参加するまでは死ねないと。定期的に行えば、不死身のイベントになるでしょう。

そして、オープンホスピタルで〝入院患者による（生き生きとした）ゾンビパレード〟に遭遇した来場者の中には、こんなに病を相対化できる病院なら働きたい、患者になってもここでなら生き残れると直観する人も現れると思います。（精神科以外では、）ゾンビも使い方によっては道化として、サバイバルの象徴になると著者は考えているのです。

Night of the Living Alcoholic

（天国のような）地獄

I

II

III

IV

誰にでもなる病

定年後の男性。一例です。

仕事一筋だったため、趣味もなく、仕事以外の人間関係は希薄。社交的な妻が外出してしまったら、夫は、ひとり孤独を紛らわせるための飲酒。気がついたら、手放せなくなっていた。

こんな誰にでも起こる事態から、アルコール依存症になった仲間に、著者はたくさん出会いました。

主婦の一例。

ご飯の準備をしながら、晩酌用の今そこにあるお酒をちょびちょび飲む習慣に。

また、飲食業の方々。

厨房で、今そこにあるお酒を片手間に飲みながら、調理する日常。

それぞれが毎日続くことです。気が付いたらキッチンに立つと、目の前にあるアルコールが手放せなくなっていたという体験談も、よく聴きました。

ですから、アルコール依存症になるリスクは、大量飲酒だけではなく、連続飲酒にあることを念押ししておきます。**少量しか飲めなくても、手放せなくなったら、依存症者になる可能性が高いのです。**

心を癒すアルコール

本来著者の場合は、アルコールより、教壇のトークマシンであることを最優先に出来たはずです。ただ、社会学芸人を自負する著者も、毎回、納得のいくウケや笑いが取れる授業ができるわけではありません。社会学的に意味や意義のある話をしながら、なおかつ笑いも取れる授業をするなど、本来至難の業です。それを達成させてくれるのがアルコールの力だと、ずーっと誤認していたのです。

著者は、幼少の頃から、大津赤十字病院の初代精神神経科部長だった精神科医の父に厳しく育てられました。中学時代は、テストで90点を下回ると、血が出るまで殴られました。今なら間違いなくＤＶ（ドメスティック・バイオレンス）です。しかし、今は亡き父の当時のロジック（言い分）は、こうでした。

「私は、１００点満点の仕事をして、１００点満点の給料をもらってきている。その金で、おまえが飯を食いたいのなら、おまえの仕事である勉強で、１００点取ってくるのは、当たり前だろう！」

当時、父の恐怖支配により、著者の人格は委縮して、トークマシンどころではありませんでした。学校の休み時間は自由闊達でも、授業で先生に当てられたら、怖くて答えられない生徒でした。そんな委縮した人格を解放してくれたのが、大学で出会ったアルコールだったのです。ゼミの打ち上げで、飲めば飲むほど、語れる、ウケる、先生から褒められるとなれば、依存症へと加速するのは、火を見るより明らかでしょう。

著者にとって、アルコールは、（父から受けたトラウマで、）人前に出ると緊張して倒れそうになる気持ちを支える松葉杖でした。委縮した人格から、話したくても話せないのを、なんとか話す姿勢に支えてくれた松葉杖だったのです。「**心の松葉**

杖」とは、依存症者たちの心の代弁者！ 専門医の松本俊彦先生（国立精神・神経医療研究センター精神保健研究所薬物依存研究部部長兼薬物依存症治療センターセンター長）の金言です。

「実際、依存症患者の多くが、アルコールや薬物の使用量が増加した時期には何らかの苦痛を抱えたり、現実生活で困難に遭遇したりしています。そうした苦境を乗り越えるのに、アルコールや薬物などの中枢神経作用薬は確実に、一時的には役立つはずなのです。また、それらはその人が抱えていたコンプレックスや生きづらさを一時的に解消し、彼らが長年悩んでいた弱点を補ってくれたはずなのです。さらには、中枢神経作用薬が引き起こす苦痛のおかげで、自らを圧倒する巨大な苦痛を紛らわせ、一時的に生き延びさせてくれた可能性さえあるのです。

薬物をやめ続けるということは、その「**心の松葉杖**」を手放し、筋肉が萎縮しきったひ弱な足で歩き続けることを意味します。つまり、思うに任せぬ脚のもどかしさに耐えながら、杖なしに紆余《うよ》と起伏に満ちた悪路を進むことに他なりません。回復の過程でたびたび薬物の再使用がくりかえされるのは、まさにこういった事情ゆえのことなのです。」（松本俊彦『薬物依存症』p. 298）

アルコール依存症とは、快楽を求めた果てになる病だという誤解があります。だから自業自得だとして、自己責任論が出てきます。しかし、著者の発症の引き鉄を読んで頂いておわかりのように、**アルコール依存症者＝快楽主義者とは限りません。**

実際には、快楽のみを求めてアルコールに頼った人は、いずれアルコールで得られる快楽にも飽きて、より高次の快楽を求め、違法薬物へ向かうケースが多いのです。逆に、心に負った傷のため、心の松葉杖としてアルコールを利用した人は、より高機能の松葉杖など必要なく、その代わりに、ずーっと松葉杖に寄りかからなければ生きていけないという、アルコール依存症でい続けるケースが多いのです。

アルコール依存症も重症化すると、朝起きた時点で不安に苛まれ、死にたいと思うようになります。そこで酒を飲めば安心できるのですが、家族が酒を取り上げて、無理にでも出勤させようと正論で追い立てれば、最悪です。著者も、死にたいという気持ちのまま出掛けていたなら、駅で電車に飛び込んでいたかもしれません。著者は起床後、一杯アルコールをあおると死にたいという気持ちが薄れました。二杯飲むと不安が解消しはじめて、三杯飲むとようやく落ち着き、出校する気になれたのです。しかし、元々酒に弱い著者は、この三杯ですでにベロベロでした。

万能感の時代

著者が、結果としてアルコール依存症デビューしたことになる大学の学部学生だった１９８０年代、世はバブル景気に突入していきました。著者は、大学に入った後、大学院の博士課程まで進み、そのまま大学の教壇に立ったので、一度も大学という園から出ていません。現在も、永遠の大学生だと自負して、学生たちには教師ヅラというより先輩風を吹かしています（笑）。学生時代のバブル思考のまま、アルコール依存症を続けていたとも言えるのです。しかし、バブルは弾けます。著者も弾けました。

ただ、バブリーな振る舞いが、周囲に迷惑をかけただけかというと、それだけではありませんでした。確かに周囲に大きなご迷惑をおかけして、現在も反省し謝罪は忘れていません。しかし、一部その逆の効果もありました。

アルコール漬けで大盤振る舞いという意味では、万能社会学者になっていた著者。前田研究室の学生たちは放課後、著者のおごりで、飲み放題食べ放題の酒池肉林ゼミに突入していました。近大通りにある行きつけの居酒屋さんでは大のお得意さんです。閉店後も合鍵をもらって朝まで飲み放題！ 二階で寝泊まりしては翌朝、その勢いで社会問題を一刀両断に解決するトランプ大統領みたいな授業を展開していたのです。

これでいいのか。自問自答がなかったわけではありません。

それよりも、飲まないでスベった（ウケなかった）時の後悔を考えると、連続飲酒が止められなかったのです。

ですから、卒業生の一部に聴くと、講読科目なのに本など読まず、敵の手の内を読め！ とカードゲームばかりに興じていたなど、あんなアナーキーな授業は二度と味わえない、迷惑というより発想の転換を学びましたと賛美する声も、少しあります（笑）。

しかし末期は、居酒屋の二階で、アルコール依存症者の三拍子！〝飲む、吐く、漏らす〟で、翌朝は、店のマスターに文字通り尻ぬぐいをしてもらっていました。

このスキだらけの教員、いや永遠の大学生には、酒場で学生たちが、他の教員には話せない本音を語ってくれることもありました。男女を問わず、性の悩みを打ち明けてくれたり、家族関係、差別問題まで、アフター授業はよろず相談ゼミでした。それが素面《しらふ》に回復した現在も、学生指導のひな型となっています。

依存症をカミングアウトして回復している現在は、より間口を広げて受け入れているため、よく精神的に参っている学生が訪ねて来ます。でも、自分が辿った道を振り返り、間違った対応をしないよう、思春期外来があるような専門医につなげる努力を惜しみません。

良くも悪くも、巻き込む病

２０１０年に妻と結婚してからは、居酒屋に泊まるわけにはいかなくなり、家に帰るわけですが、もちろんタクシーです。近畿大学のある東大阪から自宅のある大津まで！　高い日は2万円近くかかります。結果、給料の大半は学生たちとの飲み食い代とタクシー代に消えました。家で美味しい手料理をつくって待ってくれている新婚の妻には、**飲んだらなんとかなる！　と本気で言い続けた結婚詐欺師**でした。

まさにバブル。飲んだらなんとかなるなんて、回復した現在は意味がわかりませんが、依存症真っ只中の人間の思考回路では、正論なんです。著者が発症した１９８0年代、経済もバブルの頃で、（土地でも、ゴルフ会員権でも、）買うたらなんとかなる！　という思考と同じ。その後、時代はバブルが弾けているのに、著者はバブルの延長で結婚したため、当時は何も知らない妻からしたら、アルアル詐欺以外のなにものでもなかったでしょう。ですから、現在は誠心誠意、償っています。

そして回復した後、東大阪から京都へ帰る高速バスの乗り場まで、大学でタクシーに乗った時のことです。

運転手さん曰く「え、今日は大津までじゃないんですか？」

「はい。今までは病気だったので、家までお願いしていたんですが、もう元気に回復したんで、高速バスで帰ります！」って、元気に答えたら！

「えー！　先生もう、元気にならはったんですかー！」と悲鳴。著者の回復を喜んでくれるどころか、長距離客でなくなった現実に、大いに落ち込むタクシーさん。元気に回復して、逆に周囲にショックを与える？　著者でした（笑）。

当時お世話になった居酒屋さんには、回復後、挨拶にも行っていません。飲んで吐いて漏らした著者の文字通り尻ぬぐいをしてくれたマスターには、感謝しかありません。しかし、最後まで自分はアルコール依存症ではないという著者の否認に共感してくれていたのもマスターでした。すべてを説明して、納得してもらえる自信は、まだありません。

天国に一番近い病

否認したままだと、どうなると思うか。奥の深いソクラテス的対話とまではいかないまでも、授業で、学生たちに尋ねてみました。彼ら彼女たちの聞きかじり情報で多かったのは、アルコール依存症が極まると、幻覚を見るというものです。これも自身の経験談で答えます。

注：ソクラテス的な問答のライヴ授業は、一部が毎日新聞大阪本社、気鋭の金志尚記者が取材して下さり、記事として配信されています。(「アルコール依存症　偏見をなくしたい　近大准教授　闘病、回復を語る」『毎日新聞』２０１７年6月24日夕刊、６面)

著者もアルコール依存症を否認していた頃、身体を壊して内科に入院していた時は、幻覚を見て多少動揺しました。もちろん、依存症者すべてが幻覚を見るわけではありません。幻覚とは、アルコールが身体から抜ける時に生じる「離脱症状」のひとつです。直近一カ月の飲酒量が一定量を超えると、アルコールで抑制系に傾いていた脳のタガが外れて、興奮状態になるためです。多くの場合が、魔物に襲われるなど、恐ろしい幻覚です。

これは、アルコール依存症者が周囲に与えてきた酒害の報いだと捉えると反省材料にもなるでしょう。文芸学部の学生たちには、チャールズ・ディケンズの古典『クリスマスキャロル』を引用して説明しています。守銭奴の主人公が見た悪夢から、半生を悔いる物語だからです。つまり依存症者には、怖い幻覚を見たら、自分がばら撒《ま》いてきた酒害を反省すべきだと言えます。

ただし飲酒時にも小心者で、暴力も暴言もできなかった羊のような依存症者、著者が見た離脱症状の幻覚は、すべてファンタジーでした。多くの幻覚は、映画『千と千尋の神隠し』のような異次元の世界観です。異界から現実世界に侵入してくる異形の民たちと争ううちに、異界の一家、特にバケモノの子どもたちと仲良くなったり、今どきの日本で革命軍に加わり、破壊工作に励んでいるうちに内ゲバで追い詰められて、なぜか大好きなテレビ受像機の中に逃げ込んだりする幻覚を見ました。

しかし、元来ゾンビ好きの著者には怖い幻覚でも、ホラー映画の体感アトラクションに過ぎません（笑）。病床の真っ白なシーツに、呪文が書いてあると言い張って読み上げた時は、家族と看護師さんにドン引きされましたが。

禁句かもしれませんが、離脱症状のリアルな幻覚を見てしまったら、回復してから観るファンタスティックな映画など、当然ですが、すべてつくりものでしかなく感情移入できません。つまり、離脱症状でも癖になると、現実がつまらなくなってしまい、回復した依存症者が再飲酒する落とし穴になるかもしれないのだと、学生たちには危険性を説いて締めています。

みんな知らない脳の病気

学生たちからは、2018年5月、アルコール依存症の疑いがあった元TOKIOの山口達也さんが取った行動の中で、一旦入院して、せっかく身体が回復したのに、退院してすぐ飲む心境がわからないという質問がありました。それには、以下のように答えました。

もしも、彼がアルコール依存症者であるならば、その脳内には、飲んだらなんとかなるという間違った思考回路が構築されているのです。前述の万能感です。だから、否認したまま退院すれば、飲酒欲求と共に、飲めばなんとかなる、元の生活に戻れるという思考回路が再起動するのです。

これはギャンブル依存症者の例を挙げれば、よりわかりやすく説明できます。『微熱』（小澤雅人監督、２０１６年）というギャンブル依存症者とその家族を描いた映画の中で、借金まみれになっているにも関わらず、パチンコに行こうとする夫を止めようとする妻が出てきます。それに対して、夫が「借金を返すためにパチンコへ）行くんや！」と言い放つシーンがあるのです。上映会の後、理解できないとおっしゃっていた家族会の方へ、著者はこう説明しました。

依存症者の脳には、依存対象にさえ結びつければ、万事解決するという健常者には理解できない間違った思考回路が構築されているのです。**だからこそ、病気**なのです。著者も、ベッドから起き上がれず、トイレに行く途中でさえ糞尿を漏らしていたのに、酒さえ飲めば、大学に行って授業ができると確信して、這うように酒の量販店までは、酒を買いに行けました。トイレにも行けなかった著者が、酒店からアルコール度数が高くて酔うのに効率的な重たいジンの瓶を数本抱えて帰ってきたところを、危険を察知して仕事場から早めに帰宅してきた賢明な妻に押さえられて、京都のいわくら病院送りとなったのです。

最初のワーカーは誰だ？

メディア論が専門の著者は、大学のホームページ、学科の教員自己紹介の欄でもアルコール依存症である事をカミングアウトしています。すると、ありがたいことに、新聞、ラジオ、テレビといったマス・メディアからも取材を受けるようになりました。もちろん、アルコール依存症の当事者兼社会学者として対応しています。面目躍如と行きたいものですが、これが難題続きです。

メディアの現場にいる方々が抱く誤解は多々あるものの、まず家族や周囲からでも、アルコール専門病院につながることが当事者の回復につながるという道筋が理解されません。他の病気と同じく、当事者が病院に行かなければはじまらない、という先入観が固定しているのです。

著者は、取材に来て下さる各メディアの担当者にも、**「アルコール依存症は、本人が否認している場合が多いのです。ですから、当事者の通院を待っていては、死に至る病なのです。」**と説明します。だから当事者をいかに専門治療に結びつけるのか、そのナビゲーターとなるのが、当事者の周囲にいる人間なのですよと力説しています。**アルコール依存症者の最も至近距離にいる！　家族や親友、時として上司が、最初のケースワーカーなのです。**その最初のケースワーカーたる家族や親友、上司が間違った対応をしては、当事者のアルコール依存症を悪化させかねません。この病、当事者のパーソナルスペースにいる者、多くの場合は、家族が最初にアルコール依存症を勉強しなければならないのです！　とカメラやマイク、記者に向かって、繰り返し言っています。

天国に最も近い依存症者を、地獄から救い上げるのは、間近にいるあなたです。

回復につながる！ 最前線の野戦病院

特効薬がなく、治療法の正解もない。せめて、患者を間違った方向へ行かせない、死なせないケアが必要なのは当然です。

依存症の治療現場で、最も長時間、患者に寄り添う立場に、看護師がいます。著者もいわくら病院入院時は、夜中でも不安に苛《さいな》まれると、夜勤の看護師さんに延々と話を聞いてもらい、心を落ち着かせていました。その時の看護師さんの役割は、アルコール依存症を治すというような根本治療ではありません。いや、できません。でも、再び地獄に戻りそうな著者を、治せないまでも、地獄へ向かわせない話し合いの場を持ってくれたのが、夜勤の看護師さんたちでした。退院後、そのことを忘れていたのですが、アルコール専門の看護師、重黒木一さん（翠会 慈友クリニック 精神科・アルコール医療・復職デイケア 課長）のご著書を拝読して、思い返しました。

「私は妻（筆者補：奥さん）に提案をした『まだ点検中ですが、点検を受けているといろいろな問題や課題が見つかってきます。時として、罪悪感を感じたり、これからの生活の仕方に悩んだりします。頭の中にいろいろなことが浮かんできて、それが疲れとなって現れたのかもしれません。そのことをまず理解してください。ご主人はこの入院を機に、飲まない人生を二か月間送ってきたことをプラスと考えて、大いに評価しませんか。退院するしないはとりあえず棚上げして。そこで、どうでしょう。一つ提案があるのですが。このまま奥さんと外泊してみて、気分転換を図ってみませんか。そのあとで、どうしても退院したいということであれば、退院の手続きを取りましょう。』」（重黒木一『酔うひと――徳利底の看護譚』pp. 112–113.）

以上は、完治を図るというより、当事者を死に追いやらないためには、どうしたらいいのかを、ご家族と模索されている発言です。重黒木さんとは、あらゆる依存症者を受け入れ、「ようこそ外来」と銘打って診療されているアルコール依存症治療界の仏さま、専門医の成瀬暢也先生（埼玉県立精神医療センター 副病院長兼埼玉県立精神保健福祉センター　副センター長）が開催された家族フォーラムなどで意見交換させて頂き、完治より死なせないケアのありようを確信致しました。

そして現在、著者が大学で、精神的にダメージを受けている学生から相談を受けた時の指導法に活かしています。とにかく無理やりにでも授業に出させて、是が非でも大学を卒業させるという、心理的に負担をかける指導ではなく、無理して折れるよりは、折れないまま、休みながらでも生き残ろうと、学生の人生をつなぐ言葉をかけられるようになったのです。もちろん、試行錯誤の段階ですが。そして最終的には、間違った対応をしないよう、思春期外来のあるような専門医につなげます。

Dawn of the Alcoholic

回復（蘇り）

I

II

III

IV

真横にいるケースワーカー

自身が罹った下咽頭がんの原因が、過度のアルコール摂取によるものではないかと、疑い深い学者である著者も内心は気づいていました。しかし、不都合な情報は、記憶から削除するのが人間心理です。結果、飲み続けていました。多くのがん患者兼アルコール依存症者が、同じ心境だったと思います。

しかし、２０１０年に**結婚した著者は、賢明な妻の導きで、**２０１３年浜大津のまつだ医院から、アルコール専門病院である京都の安東医院につながり、抑うつ状態、アルコール依存症と診断されて、自身もようやく受け入れはじめ、京都のいわくら病院に入院したのです。妻の適正な導きがなければ、野垂れ死んでいました。妻は中学校の同級生で、同窓会で再会、酒浸りだった著者と結婚して助けてくれ、心より感謝しています。

そうです！　改めて言いますが、アルコール依存症者に最初に接するケースワーカーとは、多くの場合、家族です。ですから、家族が対応を誤れば、当事者は否認し続けるだけ。著者の場合、妻が当事者より先に、最初に専門医院に相談に行き、当事者へ言ってはいけないＮＧワード、もの言いを勉強してから、専門治療につなげてくれました。現在も、夫婦で、藍里病院副院長、吉田精次先生のＣＲＡＦＴ(Community Reinforcement and Family Training) ワークショップが開催される度に参加して、勉強しています。

例えば、酒をやめろ！　と言っても、わかっちゃいるけどやめられない脳になっているのが依存症者です。誤作動している脳からの指令で、叱られたら、隠れて飲み続けるだけです。では、酒を取り上げたらどうなるか。脳が、アルコール最優先の指令を出し続けている依存症者は、盗んででも酒を手に入れようとするでしょう。最悪の場合、犯罪者になってでも飲もうとする脳のコントロール障害という病気なのです。

これは、ギャンブル依存症も同様です。元手がなくなれば、やめられるなら依存症とは言い難いでしょう。資金源を断ったり、自己破産させても、ギャンブル依存症という病気なら、脳がギャンブル最優先の指令を出して、賭ける金を求めます。結果、最悪の場合、横領でも、強盗でもしかねないのです。

アルコール依存症とは、自分の意志ではどうにもならない脳のコントロール障害という病気です。誰かが付き添ってでも、専門医につなげるしか回復のチャンスはないのです。著者の場合も、賢明な妻の対応なしに、回復への道はありませんでした。

家族の対応の仕方を先に勉強してくれた妻は、著者に決して無理強いはせず、「私が心配だから、一緒に専門病院に行ってくれない。」とやさしく誘導してくれました。愛する家族の心配を軽減できるのであればと思い、病気は否認している著者も、自然と病院へ行けたのです。そこで幸運にも、病気を論理的に説明してくれる（社会学者の著者と）相性のいい専門医（安東医院現院長　安東毅先生）と出会ったのが、（回復に向かう）運命となりました。

「相手の悪いところを指摘するのではなく、『自分がどう感じているのか』『自分は何を望んでいるか』を言葉にします。つまりそれが、『あなた』を主語にするのではなく『わたし』を主語にするということです。

『あなたは〇〇だ』と相手を主語にした言い方をすると、言われた方は攻撃されたと感じ、身構えます。反撃に出るか、逃げを打つか、どちらかになります。」（吉田精次・ASK『アルコール・薬物・ギャンブルで悩む家族のための7つの対処法――CRAFT』pp. 48–49.）

「今わいている気持ちが、相手への嫌悪・激怒・絶望・軽蔑などの非常に強いマイナスの感情だとしたら、今それを相手に投げつけることは、事態の改善にはつながりません。

深呼吸し、少し時間をおいて、気持ちを整理しましょう。そして、自分の感情に名前をつけてみましょう。相手を否定する気持ちではなく、『心配』『不安』『悲しみ』など自分の感情であれば、相手に伝わりやすくなります。」（前掲書、p. 54.）

妻や夫がいなければ、親が、親がいなければ子が、家族がいなければ、親友が、最も身近な人間が誘導しなければ、脳が制御不能の依存症者のほとんどが、自力では救われません。著者が所属している東大阪断酒会の例会には、会社の上司に言われて来たという依存症者にも出会いました。人間は、社会的な生き物です。上司であろうが、最も身近な人間が最初のケースワーカーになれば、回復の道は拓かれます。

独身の時に患ったがんは、名医に任せれば、後はひとりでも乗り超えられました。しかし、依存症は依存する病です。家族や周囲の頼りなくして回復への道は拓かれません。**2013年12月25日から3カ月、京都のいわくら病院で、アルコール専門病棟における入院治療**。退院後は断酒会に入会。**大学は、2014年度一年間休職**しました。その間も、京都の安東医院に通院して、アルコール講座に出て勉強しながら、1年3カ月でAA（アルコホーリクス・アノニマス）も含めてのべ330回以上、自助グループの例会やミーティングに参加しました。そして、リハビリとして、不特定多数を相手に体験発表をする**《場数》を踏んで**回復を果たし、2015年4月より生きがいである教壇へ復帰したのです。

サバイバル集団

著者が、回復の手段として見出した断酒会やＡＡは、生き残るためにある相互扶助のコミュニティです。退院後、直ちに、滋賀県断酒同友会 大津支部に入会した日には、いわくら病院入院時に、毎日例会で回っていた京都府断酒平安会の仲間たちが何人も大津支部に来て、出迎えて下さいました。

飲んでいた時は、友だちもいなかった著者に出来た自助グループの仲間たちは、その後も、入れ代わり立ち代わり、県境を超えて、大津支部の例会に来て下さいました。もちろん、著者もそれに呼応して、自ずと各支部へと足が進みます。こうして、先ほど述べたとおり、休職している一年間を無為に過ごさず、自然と、のべ３０回以上の例会、ミーティング回りを行い、結果として、断酒が板に付いたのです。

本書の巻末に、これまでの著者の活動記録のすべてを掲載しました（２０１４年

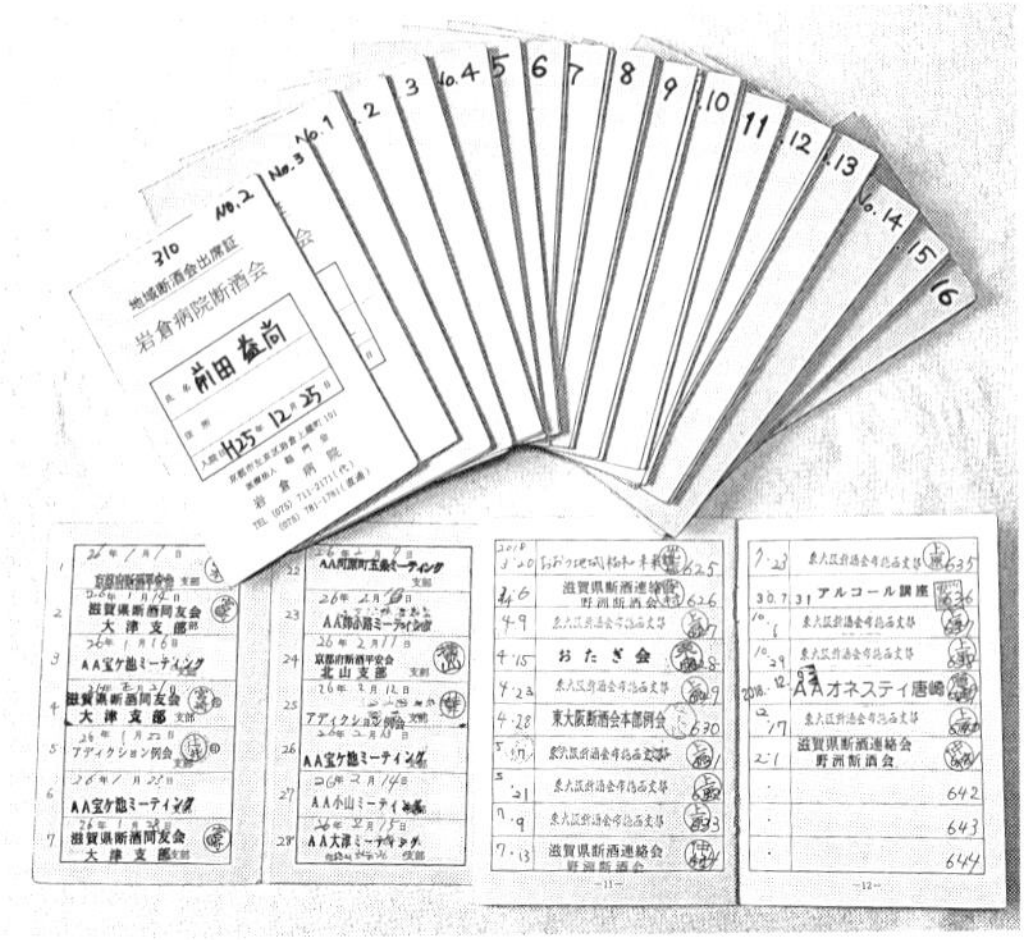

写真1　20冊におよぶ出席帳

1月～2019年9月)。活動がスムーズに実行出来た背景には、スタンプ集めに類するシステム(随伴性マネジメント)があります。例会・ミーティングなどに参加するたびに、出席の証として出席帳にスタンプをもらうことができます(写真1)。このスタンプ集めが、子どものころライダーカードを収集していたときの感覚に近く、童心にかえった想いで継続することが出来ました。結果、これまでにのべ640個を超えるスタンプを収集しています。

2016年9月には、自宅近くの滋賀県断酒同友会大津支部から、近識大学近くの東大阪断酒会布施西支部へ移籍しました。プロローグで参与観察の結果、自助グループは、〝学校〟の役割を果たし得ると述べましたが、自助グループの移籍とは、著者の場合、大学の仕事が忙しくなったため職場近くに〝転校〟したと考えています。断酒会もＡＡも、全国にあります。社会復帰した環境に合わせて、移籍＝転校できるのです。

また、活動記録をみてもらえばわかるように、２０１５年４月の復職後は、出席の頻度・回数は減っていきました。２０１８年は計24回まで減っています。移籍＝転校と同時に、自助グループへの出席頻度が落ちてゆくのも、社会復帰が軌道に乗った証拠です。職場で信頼が回復して、任される仕事が増えれば、例会やミーティングの時間には、なかなか間に合いません。

これらの活動記録は、苦行の結果のように思われがちですが、著者は**体験発表をライヴ公演、自助グループ回りをライヴツアー！**と銘打って（自分に言い聞かせて）、アーティストが如くポップに乗り切ったつもりです。休職中の２０１４年には、藁をもすがる気持ちで、１日最大３カ所出席していた日などもあり、売れっ子アイドル、嵐の１日３公演と同じだと自分に言い聞かせて、笑顔で回っていました。

そして、現在も依存症を克服して回復した証を、教壇から次世代へ伝えています。アルコール依存症は、自分の意志ではどうにもならない脳のコントロール障害です。ですから、**アルコール最優先の脳の回路を、断酒の回路で上書き**しなければなりません。決して、根性論や罰して治る病気ではないのです。これは、薬物はじめ、あらゆる依存症に言えることでしょう。

著者の場合は、復職後にわかったことですが、近畿大学の創設者である世耕弘一氏の孫で、前理事長でもあった世耕弘成経済産業大臣（2019年7月現在）が、2013年全会一致で採択された「アルコール健康障害対策基本法」を立案したアルコール問題議員連盟の一員だったのです。著者は、この運命にも感謝しています。

ポスト・アルコホリズムの構築（回路の上書き）

著者の場合、依存症真っ只中、アルコールで脳が浮いていないと最高の授業など出来ないという脳の回路が構築されてしまっていました。それを、断酒の回路で上書きするのは大変でした。いわくら病院入院中からはじめた、自助グループの例会やミーティング回りで体験発表してみても、アルコールなしでは頭の中は真っ白、当時何をしゃべっていたのか、ほとんど覚えていません。ところが、後日聞かされるのは、「前田さんは、いわくら病院入院中から、大学の先生らしいしっかりした話をされていて、びっくりしましたよ。こんなひとも、アル中になるんやって。」といったお誉めの言葉です。ありがたいことですが、依存症から回復するには、当人が納得できないと、酒は止まりません。でも潜在意識の中に、このお誉めの言葉は、もしかしたら酒なしでも縦横無尽にしゃべられる日が来るかもしれないなという、かすかな希望を与えてくれていたのかもしれません。

で、結論から言うと、著者がアルコール抜きで教壇復帰出来ると確信したのは、復職直前です。2015年3月28日、京都府断酒平安会桂支部の記念例会で指名され、100人近くの断酒会会員たちの前で体験発表した時でした。ちょうど著者が担当する講義『メディア論』と同じサイズのライヴハウス環境だったのです。そこで壇上に立った時、はじめて隅々の参加者の表情が見えたのです！　著者の話が、ウケてるかどうかを確認しながらしゃべれました。そして、ウケていないとわかるや話を切り替えて、ウケていれば話を伸ばす縦横無尽のトークマシン、社会学芸人が蘇った瞬間でした。それも、酒なしで。

これは、著者固有のケースかもしれませんが、**アルコール最優先だった脳の回路を、断酒の回路で上書き出来たドキュメント**です。不特定多数を相手に、しゃべる**《場数》を踏めば**、（飲酒最優先の回路は眠らせたまま、）トークマシンの回路だけを再起動させられる日が来るのです。著者の場合は、丸一年掛かりました。もっと掛かるひともいれば、すぐに復職して立派に仕事をなさっている仲間もいます。

他には、自助グループで役に就き、生涯を依存症者の仲間を助ける活動に費やし、回路を上書きし続けている方も大勢います。

また、依存症に近い別の回路で上書きしている方にも出会いました。いわくら病院入院中、ある患者さんのもとに、アマゾンから毎日大量の物品が送られてくるのです。買い物依存症に近いのですが、この方は裕福だったので、趣味の範囲内に収まっていたと言えるでしょう（笑）。そうです。人それぞれに、依存症に代わる無害な趣味で、回路を上書きするのは、ひとつの理想型です。

依存症からの回復は、要する時間も、ルートも、方法も十人十色です。ですから時々見聞きする断酒とはこうあるべきだと押し付ける断酒教条主義、断酒原理主義は、正しいとは言えません。

自助グループは、ハイスクール

著者が、お酒にハマりはじめたのは、一浪して入った大学の2年生、ゼミに所属してからです。高校時代は、ほとんど飲めない輩《やから》でした。それでも、高校生活はそれなりに楽しく過ごしていたはずです。そうです。生まれた時からのアルコール依存症者などいないのです。物心ついた時からコミュニケーションツールとして使っていた、使わざるを得なかったデジタルネイティヴ世代のスマホ依存症、ネット依存症、ゲーム依存症などとは違います。そして、その違いに、アルコール依存症解決の糸口が見えるのです。

教員として復帰した大学では、学生からの質問で、自助グループに参加すれば、なぜ酒が止まるのかというのがあります。そこで著者の場合、アルコール依存症から回復するには、飲んでいなかった時代にタイムスリップすればいいと考えていると説明します。そして、飲んでいなかった時代に過ごしていた学校のクラスが、自助グループに相当するのだと続けます。学校だから、決してパラダイスでもユートピアでもありません。番長もいれば、いじめっ子もいるかもしれません。それでも、信じられる友だちに出会えた時、受験などと同じように断酒という同じ目標に向かって、互いにがんばれる、そのクラスで酒を止め続けられるのです。参与観察の結果、自助グループとは、飲まなくても楽しく過ごしていた学校の役割を果たすと言えるのです。

著者は、これから自助グループに入ろうとされている依存症者たちにも言います。親友が出来れば、どんな苦しい練習の部活だってやり遂げられたし、どんな嫌な勉強でも受験の為にがんばったでしょう。自助グループでも、友を見つけて、同じ一日断酒という目標を成し遂げて下さい。

酒は「命の恩人」の意味

著者が言えることのひとつに、アルコールの力を借りなければ出来ないと思っていたことも、一度、脳内に出来た回路なら、リハビリによって、アルコール抜きでも再起動可能だということがあります。ただし、我流の間違ったリハビリをすれば、飲酒最優先の回路も同時に再起動する危険性があるので、要注意！　最も安全なリハビリのひとつが、自助グループ回りなのです。

酒の力で女性を口説いていた依存症者が、酒抜きではもう二度と女性を口説けないと嘆く体験談に出会うことがあります。しかし多くの場合、酒抜きでも、空振りを重ねていくうちに、脳が酒で口説いていた時の回路を再稼働させてくれる日が来るのです。人によっては、長い時間がかかりますが、諦めてはいけません。不特定多数を相手に、しゃべる**《場数》を踏めば**、（飲酒最優先の回路は眠らせたまま、）トークマシンの回路だけを再起動させられる日が来るのです。著者は、断酒一年余りで、アルコールの力を借りなくても、飲んでいた時と同じ迫力で講義が出来るようになりました。その後も日を追うごとに、飲んでいた時よりもブレーキとアクセルの使い分けができる、軽妙洒脱なトークマシンに進化している自分に酔えます（笑）。

そういえば、いわくら病院に入院時、女性看護師さんから「前田さんは、飲んでなくても、十分おもしろいですよ。」と励まされた時、「ありがとうございます。でも、飲んだら、もっと！　おもしろいんですよ。」と反論していました。しかし、著者の場合、断酒4年を過ぎた頃からは、飲んでいた時より確実に難しいトークのコーナーワークをこなせる話術を体得した、と自信をもって言えます。

逆に誤解を恐れずに言うと、最初はアルコールなしに、自分が理想としていたトークマシンの域にはたどり着けなかったのも確かです。アルコールに出会えなければ、父から受けたDVによって委縮した人格はそのまま、一生人前では思うように話せず、生きがいのない人生を送っていたかもしれません。だから、**アルコールによって、人生が拓かれた瞬間もあった**のです。

ただし、何事も、いつまでも依存していては、操り人形です。アルコールの場合は、操られた先は、死に向かわされます。**生きがいを体現させてくれた恩人であっても、卒業する時が必要だった**のです。

「よくぞ生きて来た。心から拍手。エールを送りたいですよ。同時に酒とどもに生きてきた――まさに命の水ですよ――人が、酒をやめさせられるんだから、これは酷な話ですよ。だから命の水に変わる何かをこれから一緒に探していきましょうと」（重黒木一『酔うひと――徳利底の看護譚』p. 209.）

贖罪のステップを踏んで

著者が、いわくら病院に入院中、SNSでつながっていた前田研究室のゼミ生たちに、ネット上でカミングアウトした情報（アルコール依存症と酒害）は、文字面に整形され、綺麗な文章に（文学に）仕上げられて（格上げされて）いました。哲学者ショウペンハウエル（1851）が『読書について』（岩波文庫、1960年）で言う通り、文字情報は、読み手に考え直す余地を与えません。

「アルコール依存症という病気だったので、ごめんなさい。」

武勇伝とまでは言わないまでも、飲酒時と何も変わらぬ一方的なコミュニケーションが、著者の断酒後、教え子たちとのファーストコンタクトでした。教化、教育に近く、とても謝罪、贖罪とは言えません。

しかし、次のステップでは、様相が違いました。実際に教壇復帰して、大学で再会した学生たちには、こうべを垂れて肉声で謝りました。世間一般でも、不祥事の謝罪、贖罪は、文書だけでは治まりません。会見が必須です。謝罪は、双方向の対面で行わなければ、本音も真意も伝わらないのです。授業も同じ。ライヴでなければ、伝わらない。もちろん、昔のほろ酔いライヴは、道を踏み外していましたが(笑)。

現在、お酒から醒めて授業をしていると、お酒の勢いで行っていた授業の内容は、ウソではなかったものの、伝えるべき、教えるべき作法ではなかったと反省できます。

つまり、アルコール漬けの授業とは、俺の話を聞け！　俺の話は、正解だから、共感しろ！　という高圧的なモードでした。わかりやすく言えば、トランプ流（笑)。

それが今や違います。アルコール依存症を理解してもらうことから再開した授業においては、批判も反論も甘んじて受けます。そして、理解してもらえるまで、言葉を尽くして語りかけ、説明しています。結果、１００％の共感など求めません。例えば、４分の１の共感と４分の１の反発、さらには４分の１の無関心と４分の１は斜に構えた見方でも十分だと考えています（注：拙著『マス・コミュニケーション単純化の論理』pp. 102–108. 参照）。

授業における著者の意識改革から出た言葉こそ、大学で学生たちに与えた酒害に対するしっかりと段階を踏んだ心底の贖罪になるのでした。

回復は、ゴールではない

お酒をやめて、しばらく経つと、もう治ったでしょうと酒を勧められる場面に遭遇します。しかし、**アルコール依存症に、完治はありません。**

一度、脳内に飲酒最優先の回路が出来上がってしまった身体から、その回路は永久に消去できないのです。何かの拍子で、いつでも再起動してきます。わかりやすく言えば、一度、自転車に乗れるようになった人は、何年何十年乗ってなくても、またすぐ乗れるのと同じ様な回路が、脳内で構築されているのです。それはまるで、フランスの哲学者、モーリス・メルロ゠ポンティが論じた身体図式（１９４５）における暗黙の機能。

そして、再飲酒で多いのは、社会復帰後のストレスから、やっぱりストレス発散や解消するにはアルコールしかないと、自己治療のために飲んでしまうケースです。その背景にあるのは、職場でうつになっても、相性のいい抗うつ剤に出会えない人が多い現実です。また、抗うつ剤は飲み始めてから効き目が実感できるには、多くの場合一カ月以上かかります。社会の荒波の中で、抗うつ剤が効くまで待てない人もたくさんいるのです。

著者の場合は、安東医院で最初に処方された抗うつ剤、リフレックス2錠が、いわくら病院入院中に効き始め、精神的な絶望感が少しずつ解消されました。リフレックスは依存性の低い抗うつ剤です。よって大学に復帰後も、どんなストレスに見舞われるか不安なので、現在も飲み続けています。

だから、もう二度と、(酒を) 飲まないとは言えないのが、正直者の発言です。いつ、脳から飲酒最優先の指令が下りてくるか、誰にもわかりません。一度がんになった患者は、どんなに健康に気を使っていても、再発のリスクをゼロにできないのと同様です。だから、たとえ再飲酒した依存症者に出会っても、病気の再発を責めても仕方ありません。そういう病気なのですから。

「薬物の再使用は、責められるべき『道徳的問題』ではなく、依存症の『症状』として捉え、どのように対処するかを一緒に考えていきます。そのためには、患者が躊躇なく再使用を話せる治療現場を保つことが不可欠です。依存症治療の場は、安心できる安全な場でなければ機能しません」(成瀬暢也『誰にでもできる薬物依存症の診かた』pp. 65.)

日本では合法的なだけで、酒も、万人に有害な「エチル・アルコール」というれっきとした薬物です。しかも、アメリカの調査では、アルコールの依存性、依存症になる割合は、覚せい剤や大麻よりも高いのです (Anthony et al., 1994)。

ですから、アルコール依存症者は、一生、前向きに生きて、飲酒最優先の回路を再起動させるストレスを回避する環境を模索するしかないと著者は考えます。

テレビの報道番組で、回復途上にある薬物依存症者の清原和博さんのインタビューが紹介された時のことです。

「もう二度と薬物に手を出さないですね。」という問いかけに、清原さんはこのように答えました。

「それはわからない。とにかく今日は、やめられた。明日もやめる。その積み重ねです。」

しかし、スタジオの有識者からは、「なぜ、絶対にやめる！と言えないんだ。」と糾弾するコメントが出て、そのニュースは終わりました。

なぜ、みんな知らない依存症の問題に、専門医か、当事者をスタジオに呼んでいないのでしょうか。

これが、未曽有の天災の報道なら、専門家か、被災者につないでいるでしょう。そして、スタジオの有識者が、「なぜ、誰も予測できなかったんだ！」、「なぜ、誰も二度と災害を起こさないと言えないんだ！」、などと糾弾しては終わらないはずです。

依存症は、脳が誤作動する病気です。誰にも止められません。

あなたは、がん患者に、二度と再発させませんよね。と念押しできますか。責めても、罰しても、がんが再発するのと同じく、病気としての依存症は再発のリスクをゼロにはできません。

依存症者が吐く心底の本音にも、「もう二度とやりません。」などという子供じみた言い逃れしか許さない勉強不足の有識者たちは、有識者である以上、しっかりと真実を追求してからコメントして欲しいです。

アルコール依存症で言えば、専門病院や自助グループが掲げる「一日断酒」の意味がおわかりいただけるのではないでしょうか。ポスト・アルコホリズムとは、アルコホリズムを一生引きずるという意味でもあるのです。

著者は休職中、次の（断酒会の）例会まで飲まない、次の（AAの）ミーティングまで飲まない、次の診察までは飲まないと自分の脳に言い聞かせることによって、飲酒最優先の回路を、日々断酒の回路で上書きしながら、一年間過ごしました。それでも、脳内に出来た飲酒最優先の回路を、断酒の回路で上書き出来たか、客観的なエビデンスはありません。

ですから、復職後も、次の授業までは飲まない、次の講演までは飲まない、次の取材までは飲まないと自分の脳に言い聞かせて過ごしています。

それでも慢心を恐れ、もっと大きな目標、断酒に直結する目標として、次の（依存症に関する）学会発表までは飲まない、次の（依存症に関する）論文発表までは飲まない、次の（依存症に関する）本を出版するまでは飲まないという人生をデザインしているのです。

Diary of the Alcoholic

成長（日常）

I

II

III

IV

愉しみとしてのポスト・アルコホリズム

酒を飲み続けていた頃は、臨床社会学者というより、万能社会学者を自負していた著者です。だからアルコホーリクス・アノニマス（AA）という匿名で参加できる自助グループでは、やめた期間に応じて自己申告でメダルを購入できると聞いた時も、酒をやめて一年くらいまでは、無関心でした。その頃、主治医である安東医院現院長、安東毅先生から言われた言葉が忘れられません。

「前田さんは、社会学者として研究をやり続けて、その成果が評価されたことは何度もあるでしょう。しかし今度は、はじめて（酒を）**やめ続けて**評価されるのですよ。そして現在、（社会学者としての）前田さんは、何かをやり続けるより、何かを**やめ続ける**ことの方が、いかに大変であるかを身に染みてわかっているでしょう。」

写真２　記念メダル（5年）

この言葉が腑に落ちて、厳密に酒をやめ始めた（2013年）12月は、毎年ＡＡミーティングに自主的に参加して、生き直しをはじめた記念日、バースディを祝ってもらっています。そして入手したメダル（写真2）は、小銭入れの中にあります。決して、酒類の自動販売機にコインを投入しないように。

「私たちはつい、望ましくない行動に罰を与えたり、先回りして注意を与えるパターンをとりがちです。けれど、叱られ続けた子どもは、言われなければやらなくなり、さらに叱られる悪循環になりがち。よい行動に注目された子どもは、『がんばってるね』『感心だね』など、自分の行動を認められることがうれしくて、さらに（**自発的に**）がんばろうとするでしょう。
　大人も、同じことなのです。」（吉田精次、前掲書 p. 58.）

継続は力なり。

とは、大概なにか偉業となることをやり続けた人が発するメッセージです。そして学校でも、ほとんどが、やり続けたという意味でしか説明されず、評価もされません。

しかし、アルコールは、やめ続けてこそ力になる継続なのです。ただ、何事もやめ続けている継続は見えにくく、褒められることも滅多にないのが現実です。オリンピックだって、メダルを取れなくても、やり続けた人は褒められました。しかし、競技人生を途中で投げ出し、やめてしまった人は、白い目で見られるのがオチです。

スポーツは特にそうです！　著者は中学時代、理不尽な先輩からのパワハラや暴言に耐えかねて、テニス部を1年の1学期でやめました。すると校内では、「根性なし！」のレッテルを貼られて四面楚歌の学校生活になったのです。でも、今考えてみると、ブラックな部活を早々にやめて、周囲から罵声と嘲笑を浴びてでも帰宅して、規則正しい生活を送っていた自分の方が、よっぽど根性があったと振り返れます。そしてこの根性が現在、酒をやめるのにもつながっていると考えられるのでした。

著者が所属する東大阪断酒会の本部例会では、２０１９年４月27日、断酒５年表彰を受けました。そして、「断酒５年の表彰状」は、自分のホームである布施西支部の皆さまから頂いた額に入れて、家でご飯を食べる時、必ず目に入る！　ダイニングキッチンの壁に飾ってあります（写真３）。

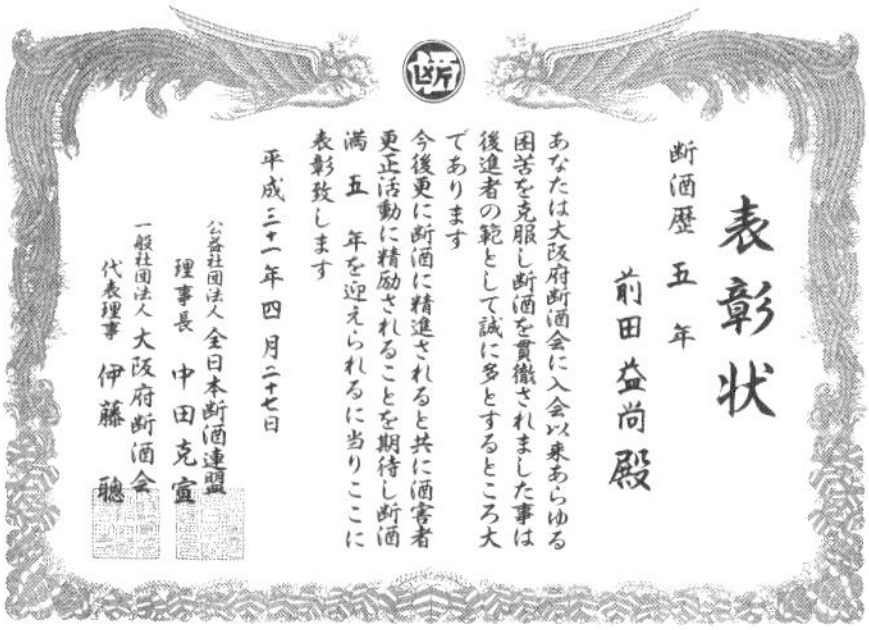

表彰状

断酒歴　五　年

前田益尚殿

あなたは大阪府断酒会に入会以来あらゆる困苦を克服し断酒を貫徹されました事は後進者の範として誠に多とするところ大であります

今後更に断酒に精進されると共に酒害者更正活動に精励されることを期待し断酒満　五　年を迎えられるに当りここに表彰致します

平成三十一年四月二十七日

公益社団法人全日本断酒連盟　理事長　中田克宣

一般社団法人大阪府断酒会　代表理事　伊藤　聰

写真３　表彰状とダイニングキッチンの様子

偏見を解く授業

大学では、著者の本『楽天的闘病論――がんとアルコール依存症、転んでもタダでは起きぬ社会学』をテキストにして講読授業を行い、次世代へ依存症の理解と予防に努めています。真理を追究できるソクラテス的対話をめざして、著者は、まず学生の本音を聴きます。それに答えて、誤解や偏見を取り除いてゆくのです。

多くの学生がまず、「自分の意志ではコントロールできないと言うが、そこまで飲んだのは、自己責任だ。」と追及してきます。著者も学部学生の頃なら、同様の糾弾をしていたでしょう。

それには、こう答えます。これ以上飲んだら、依存症になるというレッドラインが明確な病なら、それを超えることを承知で飲んだ人には、自己責任が問えるでしょう。

しかし、どれだけ大量に飲酒していても、依存症にならず、一生を終える人もいるのです。逆に著者のように、もともと飲めない体質の人間が無理やり飲む程度の少量でも、依存症になるケースがあるのです。このように、レッドラインのわからない依存症に、自己責任は問えないでしょう。また、それだからこそ、誰でも知らないうちにレッドラインを超えてしまって、依存症になる危険性があるのですよ。予防教育の始まりです。

教育現場の最前線

「アルコール依存症とは、自分の意志ではどうにもならない脳のコントロール障害という病気であることは理解出来ました。しかし、アルコール依存症という立派な病名があるのに、（断酒会の）例会や（ＡＡの）ミーティングで自分の事を、アル中と蔑称で呼ぶのは、居直っているとしか見えない。」と言う学生もいます。人権関連の授業で、被差別者が自らを蔑称で呼んでいる限り、差別はなくならないと習ったと言うのです。

前著ではアル中社会学者と自任していた著者は即答出来ず、居直りではなく謙遜に近い感情の発露だと説明しましたが、学生たちは納得しませんでした。後日、自らを拙者と呼び、時としてパートナーを愚妻、我が子を愚息と呼ぶなど、日本固有のへりくだりだと説明して、文芸学部の学生たちは、多少納得してくれました。

それでも自信がなかったので、通院している安東医院のアルコール講座に出席して、同じ依存症の仲間たちに問うと、出るは出るは、それぞれのアル中観。愛着を持って、あえて〝アル中〟というスティグマ（負の烙印）を使う者、仲間との連帯意識を高めるために、アル中と名乗る者等々、全員に共有できる理由付けの正解は出ませんでした。

ただ、社会復帰した際などにも、自らの礼儀作法を弁《わきま》えない言動を、「アル中やから、しゃーないやないか！」と居直る族《やから》も一部に居るのは事実で、それはいけません。弱者でも権利を主張するだけでは、世間に受け入れられないでしょう。謙虚に反省して、襟を正すべきです。

著者は、これ以降、「プロローグ」で述べたように、自らをアルコール依存症者と称することに徹しています。

続いての学生曰く、「同じ境遇にある者同士が、体験を分かち合う自助グループこそが、安息の場所であり、同じ目標に向かって生き残る手段だということも理解出来ました。しかし、例会やミーティングで語られる内容の多くが、悪い酒害体験ばかりだというのは納得出来ない。」と。「過去の戒めがなければ、再飲酒に走る危険性が高まるのも分かるが、逆に、過去の罪に縛られて、社会復帰が妨げられている人もいるのではないか。」と疑問を呈して来るのです。

その学生曰く、「人間には、悪い記憶はなるべく消し去り、良い記憶を残すことによって、前向きに生きて行ける本能があると心理学の授業で習った。そして、(例会やミーティングで、) 悪い酒害体験だけを掘り起こし続けている人の中には、悪い記憶を乗り越えられず、それに引き摺られて社会復帰が出来ず、福祉に頼り切るケースもあるのではないか。」という問題提起でした。なかなか鋭いツッコミの近大生たちです。飲んでいた頃なら、トランプばりに、学生たちを一蹴していた著者ですが、酒をやめて成長した証を示す好機です。

そこで、著者は、「自身が休職中の一年間は、ひたすら悪い酒害体験を掘り起こして、二度と再飲酒しないよう断酒の回路を脳に構築していた。しかし、復職直前の何カ月かは、酒なしで、こんなにしゃべれるようになったと希望に満ちた体験発表をした。」と回答。現在は、「(酒害体験より、) 仕事の愚痴か、君たちから持ち掛けられて答えられない難題を報告するガス抜きの場所、〈手段〉として、例会やミーティングを使わせて頂いている。」と答えました。

そして、自助グループが〈手段〉ではなく、〈目的〉となり、自助グループ中心主義に陥った場合が危険なのだとも説明します。〈目的〉化された自助グループでは、悪い酒害体験を掘り起こすだけに止まり、それに足を取られ、自分なんか社会復帰出来ないという思い込みに至ってしまうケースもあるのかもしれません。しかし、自助グループは、酒を止めるための〈手段〉です。だから自助グループとは、100人のアルコール依存症者がいたら100通り、有効活用の方法があり、100通りの体験発表の仕方があると著者は考えます。

断酒をデザインする

授業も進行すると、学生たちから、「なんで前田先生は回復して、教壇に戻って来ることができたのか。」と不思議そうに聞かれます。

なんとか一旦、アルコール依存症を認めたら、「十人十色の断酒デザインを描きましょう。」と考えたと振り返ります。回復とは、酒をやめて酒のない〝**人生設計**〟をすることなのですから。著者は、本書にも体験談を書き残し、乗り越えるデザインも提示することにより、さらにアルコール依存症を客観視してゆけます。語りも大事ですが、**記録に残すことが、依存症を相対化して（突き放して）、二度と戻らない過去にするコツ**だと著者は考えています。

少なくとも、著者には、書くことで飲酒最優先の回路が客観視でき、それをポスト・アルコホリズムと銘打つことにより、断酒の回路で上書きできるのです。

また、例えば**自助グループで役に就き、運営を生きがいとされている方々は、断酒に直結した、わかりやすい立派な人生のデザイン**でしょう。著者が所属する東大阪断酒会の水野和幸会長もそのお一人で、近畿大学商経学部卒です。

ギャンブル依存症問題を考える会代表を務められている田中紀子さんも同様です。過日、彼女の講演会を拝聴させて頂くと、ご自身の活動をギャンブル以上に刺激的な人生だと喝破されていました。素晴らしい！！　同感です。

著者が近畿大学で所属する文芸学部には、文化デザイン学科があります。デザインにも唯一無二の正解はないでしょう。著者は、文化・歴史学科の教員ですが、合わせて大学でも、酒のない**自分史**をつくる〝**断酒デザイナー**〟を目指しています。

また、著者は、自分しか信じない孤高の社会学者でした。だからこそ、結局はアルコールも信じきれずに、研究テーマにしてしまうことができ、回復できたのかもしれません。研究対象にすれば、その問題は乗り越えられるはずだというのが、常に学問を志す者たちの希望です。

さらに、ありがたいことに、自助グループで体験談を語るだけでなく、専門のメディア論にかこつけては、新聞、ラジオ、テレビなどのメディアでも、多くの方々へ体験談を発信できます。結果、アルコール依存症の実態と回復の道筋を説明できる立場を維持し続けることこそが、著者における断酒人生のデザインなのでした。

それは、多くの学生やメディアの受け手たちを巻き込んだ不退転のデザインです。

教壇のポスト・アルコホリズム

断酒5年を超えました。これまで、学生へのカミングアウトをきっかけに、アルコール依存症を理解してもらうため、誰にでもわかりやすい言葉と説明を尽くして参りました。その作法を持って、マスコミ論が専門の著者が、過去約25年間、学術専門誌に載せてきた難解な論文の数々を、すべて書き直しました！　わかりやすい表現に改めて、具体例も挙げ、シンプルにまとめ直した本を出版させて頂いたのです（『マス・コミュニケーション単純化の論理――テレビを視る時は、直観リテラシーで』晃洋書房、二〇一八年）。

飲酒時は、俺の本を読め！　わからんヤツは、バカだ！　勉強して出直して来い！などとトランプ大統領にも負けない威圧的な態度で文章を紡いでいた著者でした。そんな上から目線で語ってきたアルコール依存症の社会学者が、酒を断ち、回復しただけではなく、考えに考え抜いて、万人に理解してもらえるよう紡いだ書が、新しいマスコミ論の本です。それが断酒後、少しでも成長した証となれば嬉しいです。

著者は、酒をやめて5年間で、闘病論、大学論、マスコミ論と内容の違う単著を3年連続3冊も出版できたのです。本書は、4年連続で4冊目。現在、すべての授業を自著4冊で行っております。

アルコール漬けの日々を続けてでも、素晴らしい芸術作品を世に出したと言われるアーティストは多々いるでしょう。しかし依存症から回復し、お酒をやめ続けてこそ！　評価される学術書を次々に出版できたアカデミシャンは珍しい。おこがましくも、これから絶望している依存症者にとってのささやかな希望となれば本望です。

飲んでいた時は、暴君だった父の呪縛から解放され、言いたいことも、難解な学術用語もスラスラ出てきていましたが、内容は浅薄でした。酒をやめたら、最初は言うべきこともなかなか出てこなかったけれど、リハビリの末、ひねり出せた内容はわかりやすく、でも深いものです。

そしてアルコール依存症真っ只中の時期には、万年准教授だと覚悟していた著者も、酒をやめたら無遅刻無欠勤で、研究業績も伴い、教授に昇格できました。これも、ありがたい成長の証です。

世間のポスト・アルコホリズム

毎週、毎週、飲まないで、教壇に立つ。結果にコミットする授業。どうせスリップ（再飲酒）しそうになるのなら、その前に、シラフで教壇に立つ。そして学生たちには、なんらかの依存症になる可能性が少しでもある（感じられる）のなら、その前に、著者の授業を受けてもらいたい。

前述の通り、２０１８年４月、元ＴＯＫＩＯのメンバー、山口達也さんが酒を飲んで女子高生にわいせつ行為をした事件が発覚しました。その後、彼は最初の記者会見で、「出来ればＴＯＫＩＯに戻りたい。」と発言して、批判を浴びました。しかし、もしも山口達也さんがアルコール依存症であるならば、著者には、その言葉の出どころは、悪意からではなく、再びお酒を飲める環境に戻れという脳からの指令だったと感じています。

というのも、近畿大学には、２０１０年に総合社会学部が開設されました。にもかかわらず、社会学者である著者は移籍を希望せず、文芸学部に残りました。文芸学部に居た方が、研究対象である芸術家や文豪たち、ムンクやヘミングウェイのように、堂々と酒に没頭できると考えたからです。逆に、新しい総合社会学部に行くと、社会心理学や社会病理学の研究対象として、著者はアルコール依存症だとラベリングされ、飲めなくなることを恐れたからだとも言えるのです。しかし、その判断は、自分の意志というよりは、アルコール依存症の脳が自動的に飲める環境を選んだのだと、現在は振り返れます。

2018年9月、ひき逃げしようとしたとして飲酒運転が指弾された元モーニング娘。吉澤ひとみさんの事件もありました。もしも、彼女もアルコール依存症であるならば、悪意を持って逃げようとしたというよりは、誤作動した脳の思考回路から、飲める環境へ逃げろ！という指令があったとも考えられるでしょう。

では、ポスト・アルコホリズムで、救われる考え方とは、何か。

同じ先進国でも、欧米には、自身のアルコール依存症を認めて、自助グループに参加するなど、回復の手段を見つけて、回復のプロセスを経ている者は、無病息災の人間よりも評価されるケースがあります。《問題発見能力》と《問題解決能力》があると考えられ、高く評価されるのです。

自身の依存症をカミングアウトして、回復している姿を見せたジョージ・W・ブッシュが、第43代アメリカ合衆国大統領になったのが、好例でした。そこには、自身の中に、問題を見出し、解決している人物ならば、きっとアメリカが孕む問題点も見つけ出してくれて、解決の手段を講じてくれるだろうという国民の期待が感じられます。

また、アーティストでは、エリック・クラプトンが、2007年に自伝の中で、アルコール依存症との闘病体験を綴っていました。彼は、依存症を乗り越えて、今なお多くのミュージシャンの憧れです。ニュースを見て、明らかに依存症の疑いがある前述の元アイドルたちも、病を認めて乗り越えて欲しいです。日本にも、回復のロールモデル（お手本）が求められるのです。少なくとも、希望を失っている依存症者には、回復と成長、社会復帰のロールモデルとなる哲人が必要でしょう。

逆風も、生きがいにできてこそ、成長

著者が休職中、自助グループで復職に向け、抱負を述べようとした時、あるワーカーさんに止められたことがありました。希望のない患者さんには、目の毒だと言うのです。しかし、それではポスト・アルコホリズムは、絶望が支配する救いのない世界になるのではないでしょうか。

もちろん、社会復帰したくてもできない患者さんには手当が必要です。でも、すべての依存症者を絶望の基準に合わせていては、日本は滅びます。著者は制止を振り切って、復職への希望を述べました。現在も、希望を掲げて講演して回っています。

メディア論が専門の著者は、自身のアルコール依存症に関して、新聞、ラジオ、テレビの取材を甘んじて受けています。そのサバイバル法を、鋭い主治医、安東毅先生から、堀江貴文氏の多動性と類比されました。確かに近い。しかし堀江氏の気質は、プラスの意味で唯我独尊です。だから、依存症などなり得ません。彼が多分

野に打って出るのは、あわよくば、すべてで成功を狙っている動機づけからでしょう。それは、積極的な多動性と言えます。

対して、著者の場合、どれか一つのメディア（他者）だけにでも認めてもらえれば、生きている価値があり、生き残れるという消極的な承認欲求から来る多動性なのです。つまり、保険を掛けるために、多メディアで発信しています。そして、その一挙手一投足が、批判を食らうか、認めてもらえるのか、薄氷を履む思いの日々です。それはまさに、断酒会が掲げる「一日断酒」と同じメンタリティだったのです。

これからも、著者は、出る先々のメディアで、酒のない人生を演じ続けて参ります！　それが板につくまで。動機づけ面接法のスペシャリスト！　後藤恵先生（成増厚生病院診療部長）の〝ドラマセラピー〟ワークショップ（平成30年度アルコール・薬物依存関連学会合同学術総会２０１８・９・９等）などで学びながら。

成長も、ゴールではない

お酒をやめて、5年も過ぎると、もう治ったでしょうと酒を勧められる場面に遭遇します。しかし、**アルコール依存症に完治はありません。**

一度、脳内に飲酒最優先の回路が出来上がってしまった身体では、その回路は消去できないのです。現在、断酒の回路で上書きしているだけです。何の拍子で、飲酒最優先の回路が再起動するか、誰にもわかりません。

2007年に下咽頭がんになって、奇跡の手術で回復できた著者は、どんなに健康に気を使っていても、毎年PET検査という全身のがん検診を受けています。依存症も同様です。再発のリスクをゼロにはできないのです。だから、たとえ再飲酒した依存症者に遭遇しても、病気の再発を責めてもはじまりません。何度でも、死ぬまで、脳内に眠る飲酒最優先の回路を、断酒の回路で上書きしていくしかないのです。

この章の最後に、著者が成長の段階を踏みしめた証を紹介しておきます。

２０１７年3月20日、近畿大学 東大阪キャンパス最大の11月ホールにおいて、午前中、著者が所属する東大阪断酒会創立45周年記念大会を開催させて頂きました。午後には同じホールで、これまた著者が参加している東大阪市アルコール関連問題会議（医療、行政、断酒会が三位一体となってアルコール問題に取り組む会議）の市民セミナー「**酒は百薬の長、されど万病のもと**」を開催させて頂きました。

特に午後のシンポジウムでは、前関西アルコール関連問題学会会長の辻本士郎先生（ひがし布施クリニック院長）と、現関西アルコール関連問題学会会長の和氣浩三先生（関西最大級の入院施設を誇るアルコール専門病院、新生会病院院長。**近畿大学医学部卒**）と並んで！　アルコール依存症当事者の著者が登壇する栄誉を得ました。

著者が成長させて頂いた確かな証となる場を提供して下さった、当時近畿大学副学長で薬学部長、アンチエンジグセンター長の村岡修先生には、心より感謝しております。

Survival of the Alcoholic

（達観を経て）超人の域へ

I

II

III

IV

ＡＩにはなれない依存症

ポスト・アルコホリズムの世界にいる著者ですが、社会学者として危惧する問題のひとつに、ＡＩ（Artificial Intelligence：人工知能）が、これから人間のあらゆる活動領域を代替してしまうというのではないかという予測があります。囲碁や将棋は、ＡＩの連戦連勝。エリートの勤め先であった銀行や最難関資格であった公認会計士など経済系の業務は、安価で正確なＡＩに取って代わられる予測が現実のものとなりつつあります。

さて、そんな一見完全無欠なＡＩは、病気にはならないでしょうか。いや、ウイルスにはやられます。コンピュータウイルスに感染すれば、ＡＩも機能不全に陥ります。また、ＡＩが内蔵されているのは機械ですから、破壊活動を仕掛けられれば、人間の骨折や大怪我のように殻から壊れる事態も考えられます。

これらの思考実験から、人間だけに残されたサンクチュアリ（聖域）は、精神世界の病だけではないでしょうか。

著者は、アルコール依存症者ですから、依存症のケースだけを考えてみます。まずＡＩは、目的を与えられれば、どんな手段を取ってでも達成させますが、自身発の欲望はありません。欲求なきＡＩが、なんの依存症になれるのでしょう。さらにＡＩは、自己完結型のシステムですから、自律的なＡＩが、他者に依存するのは矛盾します。

そうなんです！　依存症は病気ですし、褒められた聖域ではありませんが、今最も懸念されているＡＩが決して浸食できない領域、それが依存症の世界なのです。言い換えれば、依存症とは最も人間的な病。これから人間を探究する方法論として、依存症の研究は外せません。

ＡＩに代わられるかもしれない支援者

胃カメラの画像診断でがんを発見できる確率は、ＡＩが人間を超えていると言われています。また、病理専門医より迅速かつ正確に、細胞から、がんを判定できる

ＡＩもすでに存在しています。そしてさらに、人間の表情から、うつ病を見抜くＡＩまで開発されているのです。

著者が出席したアディクション系の某学会でも、機械には代替不可能と考えられていた精神医療の分野で、ＡＩの方が有意義なケースもあるという発表に遭遇しました。

どんなに名医でも、生身の精神科医は、疲れていて機嫌が悪い時もあるはず。そんな時に診察を受けた過敏な患者は傷ついているかもしれません。ならば、気分に左右されないＡＩが診察した方が、（精神が弱っている）繊細な患者を傷つけないで済むケースもあるのではないかという問題提起です。

この発表は、まだ論証されていません。でも一般化すると、いくら信頼できる相手でも、生身の人間は裏切るリスクが避けられないということです。だから決して裏切らずに報酬を与えてくれるアルコールに頼った依存症者には、一見でも完全無欠なＡＩが対応した方が安心できるのかもしれないというロジックでした。**依存症者の多くには、人間不信の裏返しとして、確実に必ず報酬を与えてくれる依存対象に頼り切ってしまう心理**があります。そして、どんな温厚な精神科医でも、不機嫌な時があります。その対応で、精神を病んでいる患者は敏感に、傷つくのでした。

上手な聴き役に徹するＡＩ、共感するＡＩは、患者の依存性にもフィットします。さらに患者との会話データ、約3年分を基に診断するＡＩは、かかりつけ医として最適な存在になれるとの予測もあります。

そして、依存症者が社会復帰する際、患者特有の被害妄想が邪魔をします。周囲から白い目で見られている、無視されている、あるいは陰口を叩かれているなど。著者も職場復帰の際に、多少は思い込んでいました。これを是正する治療法には、認知行動療法などがあります。例えば、周囲は（無視しているのではなく、）忙しくて、職場復帰した患者に構っていられないだけだと認識を改め、精神的に楽になる方法です。これもケースワーカーのような人間にしか担当できない領域のはずでした。

しかし、同じアディクション系の某学会では、患者をうつ状態から回復させることだけを優先して、認知行動療法の一面を強調して施し過ぎると、すべて自分の都合のいいようにしか認識できない、まったく空気が読めない、他人の気持ちを一切考えない人間を作り上げてしまう危険性があるという発表も聴かれました。その結果、かえって職場に適応できず、復帰を困難にさせ、社会から遠ざける危惧があるというのです。

では、どの程度、どの部分まで、認知行動療法のような対処が有効なのでしょうか。患者には個体差があります。これまた、経験値に限りのある人間には、患者ごとに的確な治療の塩梅もわからないでしょう。責任も負い切れません。ならば、膨大なデータを元に対応できるＡＩに、認知行動療法を委ねるのが適正なのかもしれないという考えもできるのです。

精神的な領域では、すでに教育現場で、近畿大学理工学部の井口信和教授が、ＡＩロボットをパートナーにした学習システムを試行しています。その地平には、精神医療の現場におけるＡＩ診断も展望が見えてくるでしょう。

メディアの思い込みを正す

近畿大学へアルコール依存症の取材申し込みがあったテレビ番組では、当初医学部の先生にアルコールの内科的な危険性を語ってもらい、依存症がご専門ではない心理学の先生にコメントを取ろうとされていたそうです。その台本の筋書きでは、担当ディレクターがどこで調べて来られたのか、アルコール依存症はもはや節酒で治る病ですと結ばれていました。運よく、日本社会心理学会の正会員でもある著者に話が回って来たので対応できましたが、まだまだ啓蒙機関たるメディアにこそ、啓蒙が必要です。

このケースでは、ディレクターに前田研究室まで来てもらい、膝詰めで打ち合わせをして、台本を書き直してもらいました。結果は、2018年1月29日『おはよう朝日です』（ABCテレビ）で放送された著者への約8分のインタビューです。自説を曲げて、間違いのない内容（本書の中身）に台本を書き直して下さったディレクターの英断には敬意を表します。

そして、メディアの最前線にいる百戦錬磨の強者（ツワモノ）たちに納得してもらう著者の殺し文句は、以下の通りです。

未知の世界を報道するのであれば、常に専門家か当事者を登場させるべきではないでしょうか。例えば、中東で新しいテロ集団が現れたら、素人が検索して調べた内容だけで報道は終わらないはずです。専門家をコメンテーターとしてスタジオに呼ぶなり、現地における特派員の言葉を記事にするでしょう。

こうして、アルコール依存症関連の報道でも、ようやく社会学者でアルコール依存症者の著者が、極力間違いのない真実を説明できる機会を得たのでした。

現時点で最も、真摯な発信をして下さった放送メディアは、NHKラジオです。2018年2月17日放送の『ラジオ深夜便』では、アンカーマンの中村宏さんが、重版した拙著『楽天的闘病論——がんとアルコール依存症、転んでもタダでは起きぬ社会学』を精読された上で、インダビューして下さいました。

「明日へのことば」のコーナー、「がんとアルコール依存症を乗り越えて」というタイトルで、45分ほどの収録も一発OK、ほぼノーカットで、問題なく放送されました。結果は、深夜にもかかわらず大反響を呼び、放送ベストセレクションとして月刊誌に再録されたのです（「いくつもの病が僕を成長させてくれた」『ラジオ深夜便』2018年6月号、NHKサービスセンター、2018・6・1、pp. 62-70.）。

影響力のある依存症者、募集！

第Ⅲ章で、アメリカでは、大統領にまでなる者が自らの依存症をカミングアウトして、報道される例を挙げました。しかし、残念ながら、日本では自ら依存症を告白するオピニオンリーダーは少なく、当事者が認めなければ、病名として報道されることもありません。結果、勇気を奮って告白した著名人も、多くは死に至り、回復して生き続けているロールモデル（お手本）が、ほとんどメディアに上りません。元々否認の病である依存症が、治る見込みを目にしない限り、社会に隠れた当事者たちは、ますます否認するしかありません。負のスパイラルです。

そこで著者は、プライバシーより、その影響力が大きい有名人で、専門医が見ればアルコール依存症とわかる何人かを、なぜアルコール依存症という病名で報道し、治療と回復を促さないのか、あるシンポジウムで、メディア関係者に尋ねてみたことがあります。すると、日本のマスコミでは、何人（なんぴと）たりとも当人が了解しない限りプライバシーを尊重して病名は報道しないという不文律があり、それが大義となっていると答えられました。

メディア論が専門の著者は、ならば、同じプライバシーでも、誰も得をしない不倫報道を公然と行うのは大義があるのかと切り返すと、答えは返って来ません。

誰か、影響力のあるオピニオンリーダーが、アルコール依存症を告白して回復している姿を見せ続けてくれないと、この国では、否認の病であるまま、屍の山を築くことになります。著者では、力不足です。なぜなら、大学でも、学会でもアウトサイダーの著者がカミングアウトしても、逆に変人の病とラベリングされかねないのです。ここは、アメリカのように大統領とまでは言わないまでも、大臣でも、アイドルでも構いません。メインストリームを歩む著名人が依存症を認めて、回復の手段をつかんで生き残り、社会復帰した姿をメディアに晒して欲しい!

模範解答では終わらせない

アルコール依存症に関する授業をして、試験やレポートを課すと、当世物分かりのいい学生たちはきっちりと模範解答を書きます。「アルコール依存症は、自分の意志ではどうにもならない脳のコントロール障害です。」と。しかし、学生たちが本心でそう思っているとは限りません。アルコール依存症に関する教育で重要なのは、模範解答を書ける学生を量産することではないはずです。できれば、心底理解してくれる学生を、ひとりでも多く育てることでしょう。

模範解答を書く学生に心底理解させるには、説得力、訴求力が必要です。著者も教壇から悪戦苦闘し、試行錯誤の毎日ですが、何人かが納得してくれた説明のはじまりを、ひとつ紹介します。

アルコール依存症者として、学生たちに理解を求める場合、気を付けているのは、ひたすら権利を主張しないことです。病気のマイノリティーがすべて善人ではありません。健常者、一般市民と同じ割合で、マイノリティーにも善悪は混在するはずだと考えていると言います。著者は、決して弱者の権利だけを強調しません。実際に、授業の冒頭で述べたこの前提を聴いて、信用したとか、信頼できたとか、納得できたから履修したという授業アンケートの回答が多いのです。

要は、健常者や一般市民と同じ目線と価値基準で、権利と理解を求めることです。この姿勢こそが、学生たちに心から聴く耳を持たせる最も重要なスタートだというこ とを、教育関係者の皆さまにはわかって頂きたいです。でないと、模範解答を書くだけの学生しか生みません。

問題のあるメディア表現には、〝CRAFT〟に準じた対応を

アルコール飲料のCM規制を要請するのも、先進国の基準からすれば、至極真っ当です。しかし、正面突破を図ると逆効果となり、世論の反発を受けることもあります。

ビール会社がCM表現の一部を、アルコール依存症者に配慮して自粛すると発表した直後、世論が心配になったメディア研究者の著者は、ネットにおける反応を渉猟しました。そこには、「なぜ、アルコール依存症者だけに配慮して、我々が楽し

みにしている美味しそうにビールを飲むシーンがカットされるのか。」、「私の母は、心臓にペースメーカーを入れていて、脂っこい焼肉など食べられません。でも、母に配慮して、焼肉のＣＭやドラマで焼肉のシーンを自粛してもらうことなどできないでしょう。同じ生きるか死ぬかの病なのに、アルコール依存症だけには、配慮されるのはなぜでしょうか。」などといった異論が噴出していました。

ですから、ＣＭにクレームをつける否定的な言い方だけでは、事態を悪化させかねません。第Ⅱ章の冒頭でも少し紹介した〝ＣＲＡＦＴ〟Community Reinforcement and Family Training（吉田精次、前掲書参照）を思い出しましょう。誤った思考回路になっている依存症者に対して叱責するのは、逆効果になりかねないということが、誤った思考回路になっているメディアに対しても言えるのです。

何が正しいのかではありません。アルコール依存症者が、世間で共棲するためには、どんなメディア対応が有効かということを考えて欲しいのです。社会で生き残るために。

例えば、ビールのＣＭで言えば、「アルコール依存症者に（だけ）配慮して」ではなく、「過度のアルコール摂取は、万人の健康を損ないます。よって過剰な演出は控えます。」のような物言いで、酒造メーカーに自粛してもらうのが、世論と共存できる妥当な表現ではないでしょうか。メディア研究者でアルコール依存症者の著者は、社会で共棲できる要請を工夫する必要性を、切に感じています。

また、ドラマや映画で、依存症者が狂人のように登場してくる演出にも、クレームをつけたくなります。当事者として心が痛いですし、異議を申し立てたくなる気持ちは痛いほどわかります。しかし、現実にそんなクレームの直後、同じくネットで世論を探ると、「健常者だって、フィクションくらいわかっていますよ。」、「フィクションにケチをつけはじめたら、すべてのドラマや映画が成立しなくなるでしょう。」という反発も一部の理があるように思えます。例えば、多重人格者が殺人鬼になるサイコホラーの中にも、映画賞の受賞作品はいくつもあるからです。しかし、もちろん現実には、多重人格者＝殺人鬼では、ありません。

私案ですが、フィクションとしてでも、精神疾患の異常者を描いたメディア、チャンネルは、同等の時間かボリュームで、ノンフィクションとして、同じ疾患者の回復した姿を紹介する番組や作品を発信するという不文律を定着させるための要請を、根気よく続けることです。病名は個人のプライバシーだから、当人が了解しない限り報道しないという不文律は固く守られているメディアの世界です（91頁参照）。意外と、大義に殉じる側面もあるのですから、まずは大義として要望するのが、三方良しの落としどころではないでしょうか。

もちろん、難しいでしょう。でも、フィクションでも間違った表現は正せ！と正論でぶつかって、世論の反発を食らい、ひたすら対立図式にするより、フィクションでも誤解を招きかねない表現があった場合は、同時にノンフィクションによる真実や事実の伝達にもエネルギーを使ってもらえるよう要請するのが、患者良し、メディア良し、世間良しではないでしょうか。著者は、滋賀県出身ですから、近江商人の知恵「三方良し」で、問題解決を図りたいと考えました。

そして、もし誤解を与えかねない映像表現をしたメディアが、同時に正しい事実も表現してくれたら、表彰するなど褒めてあげましょう。これも、誤った思考回路になっている依存症者には、叱るより褒めるという〝CRAFT〟で学びました。

メディア研究者でもある著者が言いたいのは、世論を敵に回しては、依存症者も心穏やかには生き残れないということです。正義や正論より、社会で共棲できる方策を練るのが、依存症者にも幸福な道なのではないでしょうか。

曲がりなりにも民主主義の国です。著者は、アルコール依存症者の人権のみを優先的に考えた〝正論〟より、日本の〝世論〟を納得させる！　解決策を模索したいのです。

正義より営利目的に歪められた思考回路の病んだメディアや利己主義の世論にも、〝ＣＲＡＦＴ〟に相当する対応を行って、間違ったメディアや世論の回復に結びつけたいのです。

そして、納得できる授業を

体験談が、学生たちの心にも響きます。

著者は、自らの人生を語りながら、精神科医の亡き父から受けたＤＶ（暴力、暴言）とそれによって形成された委縮した人格を説明します。そしてそれを解き放つ薬の役割を、アルコールが果たしたのだと。風邪をひいた時、耳鼻咽喉科で治療を受けず、自分で買った市販の薬で治すように、心にダメージがある時、日本ではハードルの高い精神科に行かずに、市販のアルコールで癒していたのだと。つまり、**心の松葉杖の機能**を、アルコールが果たしたのだという**自己治療仮説**を紹介しました。

「自己治療仮説は、…（中略）…この理論がもたらした最も重要な功績は、薬物依存症患者に対する捉え方を、それまでの『快楽をさんざん貪ってきた者』から『物質を用いて苦痛を生き延びてきた者』へ転換し、治療や援助の対象であることを多くの専門職に広めた点にあります。

実際、この治療仮説からは、薬物依存症支援における重要なヒントが見えてくるように思うのです。

薬物を『やめること』は簡単です。どれだけ重症の薬物依存症患者でも何度でも薬物をやめています――数日、あるいは数時間というオーダーですが。むずかしいのは、『やめ続けること』です。なぜむずかしいのかといえば、おそらくその薬物は一時的に「**心の松葉杖**」として機能し、自分を助けてくれていたからです。」（松本俊彦『薬物依存症』pp. 297–298.）

しかし、著者の経験だけではレアケースで一般化できず、学生たちには他人事のように聞こえるかもしれません。

そこで、著者は、アルコール依存症から回復の当初は、亡き父を恨んでいましたが、自助グループで、たくさんの体験談を聴くうちに、父への憎悪は解決しないままでも、解消はしていったと続けます。

社会学者で依存症者といえども科学者です。依存症は、がんと同じく慢性疾患なのだと説明している以上は、その原因も客観的な解説が必要です。その結果、アルコール依存症もがんと同じく、遺伝子レベルに因子が潜んでおり、父の恐怖は発症の引き鉄にはなったかもしれませんが、根本原因ではないと考えることもできると続けます。もちろん未開の研究分野なので、その因果関係が正解とは限らないと念押しはします。

ただ、何が引き鉄となり、発症するのかわからない病だという意味では、学生たちに他人事だと思わせず、警鐘を鳴らせました。ゲームに没頭して授業に出ず、単位を落としはじめている学生たちも、一部は納得して、危機意識を芽生えさせてくれています。

やめ続ける地平

著者の専門分野であるメディアについてもエピソードを綴りました。ただ、病気のことでメディアに出るなど、どんな職場でも最初は歓迎されません。著者も、出る杭は打たれる環境の中で、大義があれば、出過ぎた杭は打たれない！とリフレーミングする（思い直す）ことによってアウトプットしています。

また、メディアの制作現場で強面（コワモテ）のスタッフ相手に、間違いを正すなど、ひとつ間違えば、総スカンを食らいそうな！危ない橋ばかり渡っています。しかし危ない橋でも、崩れる前に猛スピードで渡り切れば（単刀直入に、大義を説得できれば）、命拾いできるものです。アルコール依存症から回復しても、毎度、本当は薄氷を踏む想いで、綱渡りの人生を歩んでいます。

メディアで語る機会を得るようになって思い至った考えですが、断酒を**やり続けている**という言い方は自己顕示欲を満足させ、傲慢になる危険性があると思われます。逆に、酒を**やめ続けている**と言い換えれば、**謙虚**になれます。これまたリフレーミングに過ぎないかもしれませんが、**やり続けている**ことは、成果として見えやすく、**やめ続けている**ことは、見えにくいものです。見えにくいことでも続ける。その言行一致こそが**謙虚**に、そして依存症者を、悟りの境地に近づけてくれると著者は考えています。

やっぱり、みんな知らない否認の病

改めて考えます。2018年5月、著者の大学での授業、100人サイズの『メディア論』では、アルコール依存症の疑いのある男性アイドル、前述した山口達也さんの報道で、学生たちから質問攻めでした。

臨床社会学者の著者が行う授業スタイルは、難解なソクラテス的対話というより、メディアで未解決の問題点を深掘りし、思考実験を繰り返しては、時間内に正解でなくとも解決策を導き出す方法論でした（拙著『大学というメディア論――授業は、ライヴでなければ生き残れない』参照）。

アルコール依存症の疑いが持たれる男性アイドルの件ですが、直接会ってもいない他人の事を授業でとやかくラベリングするのは本意ではありません。よって自らの体験談をカミングアウトする形で説明しています。

男性アイドルは、医師の診断書でも、メディアの報道でも、アルコール依存症とは断定されていません。納得のいかない学生たちが疑問をぶつけてきては、アルコール依存症当事者の著者が答えるというコール＆レスポンスが続きます。著者の体験に基づく説明、その要点は３つです。

①アルコール依存症の診断書は、原則として当事者が認めない限り、出ないことが多い。

②著者の場合も否認し続け、また自覚しはじめても、職場をクビになると思い、医師にアルコール依存症という病名は書かないでくれと頼めば、診断書は出ませんでした。（注）嘘ではなく、書かれないだけ。著者の場合は、併発する抑うつ状態とだけ書いてもらっていました。

③しかし、否認し続ければ死に至る病だとアルコール専門の主治医に説得さ

れ続けて、ようやく観念し、納得の上で、アルコール依存症の診断書を大学へ提出したのです。

著者の場合には、第II章でも明かしたことですが、近畿大学の前理事長でもあった世耕弘成経済産業大臣（2019年7月現在）が、2013年全会一致で採択された「アルコール健康障害対策基本法」を立案したアルコール問題議員連盟の一員だったという運命も、現在、著者の活動には、大きな見えない後押しになっています。

科学のゆくえ

ある学生から出た感想は、不治の病への絶望感でした。そこで、現時点では、以下の希望を予測して授業を締めています。

がんになる因子が、遺伝子検査でわかる時代、アレルギーになる因子も、わかりはじめています。その先に、依存症になる因子も、わかる時代が来るはずです。多くの精神疾患は、最終的に遺伝子検査、つまりゲノム解析でしか、客観的な診断は下せないでしょう。アルコール依存症になる因子が、ゲノム解析でわかれば、卵アレルギーの子に、卵を食べさせないように、アルコール依存症の因子がある子には、最初から酒を遠ざける対策が取れるのです。

すでに北欧諸国では、生まれて半年以内に、血液をバイオバンクに登録し、遺伝子検査の結果、高血圧のリスクがあるとわかれば、その後の人生、塩分を控えた食生活を奨励していきます。ただし日本では、プライバシーや人権の問題から異論が出るでしょう。その場合は、例えば希望者だけでも、同様の登録と検査ができる制度設計を考えて欲しいものです。予防医学を推進するために、保険適用で。

しかし、ゲノム解析で、精神疾患の因子が発見されれば、就職差別や結婚差別の対象になる危惧が出てきます。それを避けるために、研究が進みにくいかもしれません。アメリカでは、２００８年に「遺伝子情報差別禁止法」が成立しており、雇用や契約での差別が禁じられています。ただし２０１９年現在、日本には同様の法律がありません。

もちろん、ゲノム解析の地平には、アルコール依存症の因子を取り除き、依存症にならない身体に改変できるゲノム編集の技術革新が見えてきます。遺伝子組み換え作物はおろか、近畿大学水産研究所では、ゲノム編集による養殖魚の改良にまで進んでいます。それはさらに家畜に、そして人間にとっての遺伝子改変技術は進歩していきます。最終的に、人間がゲノム編集を望むとは、自身の遺伝情報をデザインすることであり、まさに人生設計、哲学だと言えるでしょう。

ただし、ゲノム編集の技術が進化し、万が一精神疾患の因子を取り除く治療法が確立できたとしても、少なくともそれまでは、差別や偏見といったアルコール依存症者に受難の時代は避けられません。だからこそ、せめて正しい知識を人類全体が共有することで乗り切ることが必要なのです。と授業では結びました。

そして、ポスアルの哲学を、ＡＩが可視化できるか

著者は、依存症がＡＩには決してなれない病だと喝破しました。そうです。ＡＩ

は、アルコール依存症にも、哲学者にもなれません。

ところで最近、開発されたＡＩスピーカーとその使い勝手の良さが紹介されるテレビを見る度に、著者は、アルコール専門病院につながる以前、最初の内科入院時を思い出します。ＡＩスピーカーは、アルコールが身体から抜ける際に、タガが外れて生じる離脱症状のひとつ、幻聴、幻覚、幻想の〝入口〟に近いのです！

依存症者がアルコールを断ってしばらくすると、抑制から解放された脳の興奮状態がさらに高じて想像力が起動、オーバードライヴして幻影化されることがあります。それは、イマジネーション豊かな頭でっかち＝高機能の現象だとも考えられます。

著者が入院して、体験した離脱症状では、まず病室の天井に窓口のような〝存在〟が開き、そこと会話をはじめました。ＡＩスピーカーみたいでしょう（笑）。その果てに、一挙に目の前に広がる異界の光景は、まさに『千と千尋の神隠し』みたいなプロジェクションマッピングの様相だったのです（第Ⅰ章で記述の通り）。

その後も、数日間、著者の（たぶん）嗜好に合わせた世界観が、ファンタジーのように目の前に展開してくれました。

ＡＩの喫緊の使命のひとつは、犯人探しなど、人の癖、行動パターンを読み取ることです。さらに進化するＡＩは、人の嗜好、嗜癖、依存症で見える世界観の中から使えるデザインと芸術的なヴィジョンまで具現化してくれるのではないでしょうか。その依存症から見えるヴィジョンとは、健康体の人知を超えたデザイン、芸術、ひいては技術革新、イノベーションのヒントになるのかもしれません。

以上、ポスト・アルコホリズムの空想は、回復しているからこそ、客観視できて考えられるＳＦの様相です。依存症者の見果てぬ夢は、『ドラえもん』より哲学的で、『２００１年 宇宙の旅』より生々しいのです。

アルコール依存症者が、我慢の断酒を続けても、一生続けるのは苦役の人生でしかありません。だから、多くの依存症者が頓挫して、再飲酒してしまうのではないでしょうか。ニーチェまがいの超人になれとは言いませんが、日陰に埋没する存在ではなく、想像力をたくましく、断酒デザイナーとして、華々しい人生哲学を思い描いて生き残りたいものです。

ブレイクスルー

現実問題として断酒5年も過ぎると、著者の場合、飲酒欲求よりも、飲酒した時の恐怖の方が先に立ちます。もう一度飲んで、その瞬間楽になったとしても、飲み続ければ糞尿垂れ流して死に至る病だということは、頭の中で十分過ぎるほどわかっています。さらに、再飲酒後の再断酒、再び地獄から這い上がる日々の苦闘（入院、休職、連日の自助グループ回り）など、もう二度としたくありません。本書のように理屈をこねて、アルコールと依存症を客観視してしまったら、今更、酒を飲む勇気が湧いて来ないのです。

ただ、理屈をこねなくても、断酒10年以上の依存症者の方々とお話しすると、共感を得られることが多いです。もう、飲む勇気はないと。ひとつの突破口を抜けたのかもしれません。もちろん、まだ先に、どんな落とし穴が待っているかは、誰にもわかりません。それが人生です。運命です。

著者が、天職だと勝手に決め込んでいる教育現場で学生たちに伝えたいことは、どんな逆境や苦境でも、必ず活路はある！　という事実です。その証拠を、心身ともに体験談として、さらに考え方として語り続けていければ、本望です。

著者にとって、次世代にサバイバルのヒントを与え続けることが、使命であり、大義であり、生きがいなのです。それが続けられる限り、もう二度と地獄へ向かうことはなく、天国への階段になると信じて生きて参ります。

エピローグ

本書では、自助グループにも、精神科医にも、ワーカーにも、100%完璧な対応など望めないと示唆しましたが、それは治療も支援も不完全な人間の営みゆえ、当然のことです。

しかし、我々（alcoholic）は、ゾンビ（dead）のように駆逐される対象でもなく、AI（machine）のように不老不死でもありません。支援者も依存症者も、ともに人間らしく悩み考えて、ゾンビにもAIにもなれない哲人になり、死ぬまで超人をめざすのが、生き残るコツではないでしょうか。

そして、依存症者の回復の仕方は、十人十色、唯一無二の正解など、ありません。ですから著者は、学問を探究するように、回復の手段も、ルートも、あらゆる可能性を模索してゆきます。

大学への提言

著者は2019年現在、近畿大学文芸学部でキャリア支援委員会副委員長を拝命しています。大学では、キャリアデザインの科目が花盛り。著者の母校、法政大学には、キャリアデザイン学部まであります。そのカリキュラムは、多くが就職対策ですが、本当にキャリアデザインを標榜するのなら、どんな生き方でも引き受けなければ、最高学府とはいえないでしょう。

依存症者に限らず、人生の道を逸れてしまったり、遠回りした精神疾患の学生のケアと、生き直しのキャリアデザインもできる学問の府を望みます。

学生委員の教員からも情報を得て、具体的に精神を病んだ学生から相談があれば、著者は、あらゆるルートを使い、思春期外来があるなど、適正な精神科医とのマッチングを図ります。がんなら、手術の達人、ゴッドハンドは万人にとって名医でしょうが、精神医療の世界では、患者個々人との相性で名医は変わります。ある患者には頼りになる言葉をもらえる精神科医も、別の患者にとっては気持ちを逆なでする言葉に聴こえるやぶ医者だったりすることが往々にしてあるのです。

ギャンブル依存症者の会の代表の方が、ご講演で度々発せられる名言に、「いい精神科医に当たるのが、まさにギャンブルです！」というのがあります。ただ、精神科医は外れても、患者が借金を抱えることはないので、渡り歩いてでも、相性のいい名医を探しましょう。

キャリア支援委員の著者は、就職相談に乗るだけではなく、学生委員の教員と連携しながら、精神的に病んだ学生たちには、精神科医やケースワーカーとつなぐ橋渡しのお手伝いができれば、本望です。

実業界への提言

ダイエット業界で昇り龍だったライザップ（ＲＩＺＡＰ）の瀬戸健社長が、三日坊主になることなら、なんでも請け負うと豪語して、英会話やゴルフレッスンにも業務を広げておられます。そこまでおっしゃるなら、社会的な企業として最後は社会貢献、公益性のある業態を請け負ってもらいたいものです。例えば、断酒。

ライザップのダイエットにおけるマンツーマン指導は、依存症者に伴走してくれる家族やワーカーさんのイメージに近いからです。すでに、ダイエットの一環として、節酒や断酒もメニューにあると聞いています。

「依存症報道グッドプレス賞 2017」〈新聞部門〉に選ばれた、読売新聞大阪本社の上村真也記者による「関西発・伴走記 アルコール依存症の現場から」全26回も、連載のタイトルは、**伴走記**でした。

本書では、第II章で、現行する自助グループが、学校のような役割を果たしていると記しました。学校教育でも、不登校者がつながる通信制高校のバリエーションは多様化しています。旧来の高校システムに馴染めなかった、逆に最初から馴染もうとしない子どもたちの受け皿のひとつに、まったく新しいシステム、N高等学校があります。ネットを十全に利用したカリキュラムの中、新しいアプローチの授業で、子どもたちは、完全でなくても正解でもなくとも、新しいコミュニケーション・スキルが体得できるでしょう。設立したのは、出版社のKADOKAWAとネット企業のドワンゴという、れっきとした営利企業です。それでも、十分に教育の一翼を担い、紀平梨花さんなど、社会に適応した新しい人材を育てています。

著者は、依存症の自助グループが、学校のような役割を果たしていると存在意義を十分に認めていますが、ユートピアではないとも書きました。ですから、旧来の自助グループに馴染めなかった、最初から馴染もうとしない依存症者の受け皿を、営利企業の中に模索しても、N高校の実績などを評価している社会学者の著者には違和感がありません。その一案が、〝ライザップ断酒〟で、大義はあると考えるのです。もちろん、N高校しかり、正解だとは言いません。ただ、実業界にも、持てる英智で、依存症予防と対策に向けた多様な試行錯誤を望むばかりです。人間の社会とは、多様性がなければ、硬直して滅びるでしょう。

第Ⅲ章では、著者が休職中、自助グループで復職への希望を述べようとした時、希望のない患者さんには、目の毒だからとワーカーさんに止められたエピソードを書きました。すべての依存症者を絶望の基準に合わせていても、日本は滅びます。

営利企業に、精神疾患の回復を委ねるなど、反発必至でしょう。もちろん、社会復帰したくてもできない患者さんには、行政による福祉、保障、手当が必要です。それが成熟した国家像です。ただ、自由主義市場でもある日本ですから、大枚払ってでも断酒が板につくことを求める依存症者がいるのなら、〝ライザップ断酒〟という商業主義的な選択肢も否定できないと考えます。著者は、どんな形であれ、どんな境遇であれ、どんな階層であれ、一人でも多くのアルコール依存症者が救われるチャンネルが出来れば、運営側に貴賤なしと評価します。それが、あらゆる可能性を否定しない臨床哲学の考え方でしょう。ポスト・アルコホリズムとは、例外なく、あらゆる希望を模索すべき世界観ではないでしょうか。依存症者と回復の仕方は、十人十色なのですから。

それでも、最も危険な病気

著者の場合、断酒4年目の時に危険に遭遇したエピソードも、授業で話します。ソプラノ歌手の妻が、お洒落なライヴバーで歌うのを聴きに行った時の出来事。当時、断酒4年目でした。もはや目の前で他人が飲酒していようが、飲酒欲求など湧かないと自負していた著者は、平然とノンアルコール飲料を飲んでいました。ところがです。ライヴバーでは、アルコール飲料を飲んでいる周囲とピッチが違うことに焦りました。ノンアルコール飲料は、そんなにハイピッチに飲めません。特に音楽に合わせて**雰囲気を楽しむ、共有する場面**では、飲酒欲求とは別に、アルコール飲料を飲んでいる方々とリズムを合わせたくなる衝動を感じたのです。酒が提供されるライヴ会場には、飲酒欲求をコントロールできていると自信のある依存症者でも、**飲酒者と共鳴しようとする危険**が待っています。思わぬ落とし穴。要注意です。と諭《さと》すと、学生たちも、慢性疾患である依存症の根の深さにびっくりします。

断酒会やＡＡで体験談を聴いていると、著者の例以外にも、思わぬ落とし穴に出会います。ビールを主に飲んでいた依存症者は、回復後、コーラなら大丈夫だろうと飲んで、その発泡感覚が引き鉄となり、眠っていた飲酒最優先の回路が再起動！　脳から指令が出て、ビールを買いに走ってしまったと言います。これも千差万別。著者の場合は大丈夫ですが、依存症者によっては、ノンアルコールビールですら、再飲酒の引き鉄になるのでした。

未開の依存症

傍から見て、なぜそんなに苦しいことに没頭できるのだろう？ と思える行為の多くに、依存症の疑いがあります。

例えば、身体に故障を抱えていて、医者に止められているにもかかわらず走ろうとするランナーの脳内には、競技最優先の回路が構築されてしまっているのかもしれません。専門医に伺うと、ランナーズハイとは、走るとその報酬として、脳内にドーパミンという快楽物質が分泌されている可能性があることを指すそうです。

極論ですが、常人には理解しがたい危険な紛争地帯に、何度も足を踏み入れる戦場カメラマンやフリージャーナリストの一部にも、戦場に行くと報酬としてドーパミンが分泌されるという、脳内に戦場最優先の回路が構築されているのかもしれません。もちろん、多くの場合、当人は無自覚で、否認の病です。ですから、周囲には迷惑をかけているはずです。つまり、どんな行動、行為も、客観的に見てやり過ぎで異常と見えるケースは、仕事一辺倒を指してワーカホリック（workaholic）というように、アルコホリック（alcoholic）と同様、依存症と診断できる可能性があるのです。

一部の専門医が診ると、痴漢や万引きなども、性欲や物欲だけによる犯罪は全体の2割程度に過ぎず、8割がたは、依存症という病気のなせる業だとも言われています。正確なデータは計り知れませんが、病気ならば罰しても抑止できません。刑を終えても、病気は治っていないからです。治療しなければ、一般市民への痴漢や万引きの被害は食い止められません。

市民のためにも、刑罰より治療という考え方は、2016年6月から開始された「薬物使用等の罪を犯した者に対する**刑の一部の執行猶予**に関する法律」の制度運用などで、具体化されています。執行猶予中に、保護観察の下、回復につながる治療や支援が期待されています。

そして著者の表現で言えば、例えば、痴漢という回路が脳内に構築された依存症には、規律乗車が気持ち良く感じられる回路で上書きをする。万引きという回路が構築された依存症（クレプトマニア：窃盗症）には、明朗会計でスッキリするという回路で上書きするしか問題解決にはならないでしょう。ただ、これらの依存症者においいて、回路の上書きが成功したという体験談は、まだまだ陽の目を見ていません。

パラレルワールドを《選択》するすすめ

人間、いろいろな世界と関わっていれば、どっかで上手く行かなくても、どっかで認められれば生きていけます。

自助グループは、実社会とは別のパラレルワールド（同時に並行して関われる世界観）。そこも、上手く行かない時は、もうひとつ。例えば自助グループの中でも、断酒会だけではなく、ＡＡともつながっておく。さらに、病院のアルコール講座にも顔を出す。著者も、特に休職中は、断酒会の例会、ＡＡのミーティング、安東医院のアルコール講座を**《選択》して**渡り歩いていました（巻末の出席記録一覧表参照）。

復職後は学問の領域でも、学会、研究会、ワークショップも含めて、依存症に関して重ねられる世界はさらに多岐に渡ります。そして専門分野である、新聞、ラジオ、テレビといったメディアの世界とも関係を紡いでいます。

スペインの哲学者、ホセ・オルテガ・イ・ガセットは、自分とは選択しない複数の世界によって成立していると説いています。著者の場合、選択しない複数の世界とは、日本であり、関西であり、前田家などでしょう。しかし、意識して複数の世界を**《選択》**していけば、自己閉塞の病から脱せられるのではないでしょうか。著者の場合、選択した世界とは、近畿大学であり、病院、自助グループ、学会、メディアと多種多様です。

人間、パラレルワールドは、多ければ多いほど、逃げ道に出来る保険のようなものです。著者が、哲人、超人になるべく、生き残るために模索しているのは、アルコール一辺倒だったアルコホリズムから、重層的な世界観としてのポスト・アルコホリズムなのでした。

謝辞

本書は、著者がアディクション専門誌『Ｂｅ！』（アスク・ヒューマンケア）１３０～１３３号に連載させて頂いた「脱アル社会学者のポップなアルコール依存症講座」を叩き台に、大幅に加筆・修正した内容です。

叩き台を作る機会を与えて下さったＡＳＫ代表の慧眼！ 今成知美様、敏腕編集者の武田裕子様、スタッフご一同様に、改めて心より感謝申し上げます。

あとがき

アルコール依存症者で社会学者の著者は、断酒を決め込んで5年間、日本アルコール関連問題学会および関西アルコール関連問題学会にも所属して、依存症に関するあらゆる研究会やワークショップに参加してきました。その成果から見えてきたポスト・アルコホリズムなる世界観をまとめたのが、本書です。そして著者は、二度と糞尿垂れ流しの地獄に戻らない哲人になることをめざしています。

執筆にあたっては、依存症がテーマで、AI、ゲノム、デザイン、さらには哲学といった新奇的なキーワード満載の内容にもかかわらず、即座に手を挙げて下さった気鋭の編集者、阪口幸祐氏に、前著『楽天的闘病論――がんとアルコール依存症、転んでもタダでは起きぬ社会学』に続いて担当をお願いしました。フィールドワーク（参与観察）の証、自助グループ等の出席記録一覧表も綺麗に仕上げて下さった阪口さんのご理解とバックアップに、重ねて感謝申し上げます。

さらに今回は、著者の黙示録的な意味合いを持つ内容ゆえに、スタイリッシュな表紙をお願いしたところ、期待に違わぬ意味深いデザインをつくって下さった北村昭さんにも、改めて感激と感謝を申し上げます。

そして、何よりも、ナルシスティックな著者の文章に最後までお付き合い下さいました読者の皆様へ、感謝と共に、依存症の深みに陥らぬ人生を切り拓かれることをお祈り致します。

最後に、家族ぐるみの病といわれるアルコール依存症を、著者より先に勉強して、著者を救ってくれた妻と、回復の過程（家庭）で〝**婦唱夫随**〟をバックアップしてくれた夫婦両方の母たちへ、改めて感謝致します。

２０１９年９月

前田益尚

参考文献

Anthony, J. A., Warner, L. A. and R. C. Kessler, *Comparative Epidemiology of Dependence on Tobacco, Alcohol, Controlled Substances, and Inhalants: Basic Findings From the National Comorbidity Survey*, Experimental and Clinical Psycho pharmacology, Vol. 2, No. 3, 1994, pp. 244-268.

Benton, S. A., *Understanding the High-Functioning Alcoholic: Breaking the Cycle and Finding Hope*, 2008.（水澤都加佐監訳『高機能アルコール依存症を理解する』星和書店、２０１８年）

Heidegger, M., *Sein und Zeit*. 1927.（桑木務訳『存在と時間』岩波文庫、１９６０年）

堀江貴文『多動力』幻冬舎、２０１７年

Khantzian, E. J. and M. J. Albanese, *Understanding Addiction as Self Medication*. Rowman & Littlefield Publishers, Inc. 2008.（松本俊彦訳『人はなぜ依存症になるのか——自己治療としてのアディクション——』星和書店、２０１３年）

小林桜児『人を信じられない病――信頼障害としてのアディクション』日本評論社、2016年
前田益尚「超病論――教壇の社会学者が、臨床のがん患者になった時――」佐藤泰子編著『患者の力』晃洋書房、2012年、pp. 133-170
――『楽天的闘病論――がんとアルコール依存症、転んでもタダでは起きぬ社会学』晃洋書房、2016年
――『大学というメディア論――授業は、ライヴでなければ生き残れない』幻冬舎ルネッサンス新書、2017年
――『マス・コミュニケーション単純化の論理――テレビを視る時は、直観リテラシーで』晃洋書房、2018年
――「脱アル社会学者のポップなアルコール依存症講座　第1回　わたしの場合」『Be!』130号、ASK（アルコール薬物問題全国市民協会）、2018年3月10日、pp. 82-86
――「脱アル社会学者のポップなアルコール依存症講座　第2回　メディアの誤解を改める！」『Be!』131号、ASK（アルコール薬物問題全国市民協会）、2018年6月10日、pp. 84-87

――――「脱アル社会学者のポップなアルコール依存症講座　第3回　学生たちのニュースな疑問に答える」『Ｂｅ！』１３２号、ＡＳＫ（アルコール薬物問題全国市民協会）、２０１８年9月10日、pp. 86–90
――――「脱アル社会学者のポップなアルコール依存症講座　第4回　酒をやめたら哲学者になろう！」『Ｂｅ！』１３３号、ＡＳＫ（アルコール薬物問題全国市民協会）、２０１８年12月10日、pp. 74–79
――――「ポスト・アルコホリズムなる人生観――依存から断酒に向かうデザイン思考とは――」『渾沌』第16号、近畿大学大学院総合文化研究科、２０１９年
松本俊彦『薬物依存症』ちくま新書、２０１８年
松尾豊、ＮＨＫ「人間ってナンだ？　超ＡＩ入門」制作班『超ＡＩ入門　ディープラーニングはどこまで進化するのか』ＮＨＫ出版、２０１９年
Merleau-Ponty, M., *La Phenomenologie de la Perception*, Gallimard, 1945.（中島盛夫訳『知覚の現象学』法政大学出版局、１９８２年）
Miller, W. R. and S. Rollnick, *Motivational Interviewing SECOND EDITION Preparing People for Change*, The Guiford Press, 2002.（松島義博・後藤恵訳『動機づけ面接法　基礎・実践編』星和書店、２００７年）

なだいなだ・吉岡隆『アルコール依存症は《治らない》の意味』中央法規出版、２０１３年
成瀬暢也『誰にでもできる薬物依存症の診かた』中外医学社、２０１７年
ＮＨＫ「ゲノム編集」取材班『ゲノム編集の衝撃「神の領域」に迫るテクノロジー』ＮＨＫ出版、２０１６年
Nietzsche, F., *Also Sprach Zarathustra*, 1883.（氷上英廣訳『ツァラトゥストラはこう言った（上）』岩波文庫、１９６７年）
——*Der Wille zur Macht*. 1959.（原佑訳編『ニヒリズムの克服』人文書院、１９６７年）
Ortega y Gasset, J., *Meditaciones del Quijote*, 1914.（佐々木孝訳『ドン・キホーテをめぐる思索』未來社、１９８７年）
——*La rebelión de las masas*, 1929.（佐野利勝訳『大衆の叛逆』筑摩書房、１９５３年）
プラトン著、久保勉訳『ソクラテスの弁明・クリトン』岩波文庫、１９２７年
榊明彦・重黒木一編著『酔うひと——徳利底の看護譚』精神看護出版、２０１３年
Sandel, M. J. and M. Kobayashi, *The Art of Dialogical Lecture cf Michael Sandel.*

2011.（マイケル・サンデル／小林正弥『サンデル教授の対話術』ＮＨＫ出版、２０１１年）

Schopenhauer, A., *Parerga und Paralipomena: Kleine Philosophische Schriften*, 1851.（斎藤忍随訳『読書について』岩波文庫、１９６０年）

Schull, N. D., *Addiction by Design*, Princeton UP, 2012.（日暮雅通訳『デザインされたギャンブル依存症』青土社、２０１８年）

Simon, H. A., *The Science of the Artificial*, Second Edition, MIT Press, 1982.（秋葉元吉・吉原英樹訳『新版 システムの科学』パーソナル・メディア、１９８７年）

田中紀子『祖父・父・夫がギャンブル依存症！ 三代目ギャン妻の物語』高文研、２０１５年

寺田寅彦『寺田寅彦随筆集』第四巻、岩波文庫、１９４８年

吉田精次・ＡＳＫ（アルコール薬物問題全国市民協会）『アルコール・薬物・ギャンブルで悩む家族のための７つの対処法——ＣＲＡＦＴ』アスク・ヒューマンケア、２０１４年

『学校案内』学校法人角川ドワンゴ学園Ｎ高等学校、２０１６年

出席記録一覧表

2014年

1月1日 京都府断酒平安会 元旦例会
14日 滋賀県断酒同友会 大津支部
16日 ＡＡ宝ヶ池ミーティング
21日 滋賀県断酒同友会 大津支部
22日 京都マック・アディクション例会
23日 ＡＡ宝ヶ池ミーティング
28日 滋賀県断酒同友会 大津支部
30日 ＡＡ宝ヶ池ミーティング
31日 ＡＡ小山ミーティング
2月1日 ＡＡ大津ミーティング
ＡＡ大津ミーティング
2日 ＡＡ河原町五条ミーティング
3日 ＡＡ荒神口ミーティング
4日 滋賀県断酒同友会 大津支部
5日 京都府断酒平安会 本部例会
6日 ＡＡ宝ヶ池ミーティング
7日 ＡＡ小山ミーティング
8日 ＡＡ大津ミーティング
ＡＡ大津ミーティング
9日 ＡＡオネスティ唐崎
ＡＡオネスティ唐崎
ＡＡ河原町五条ミーティング
10日 ＡＡ姉小路ミーティング
11日 京都府断酒平安会 北山支部
12日 京都マック・アディクション例会
13日 ＡＡ宝ヶ池ミーティング
14日 ＡＡ小山ミーティング
15日 ＡＡ大津ミーティング
ＡＡ大津ミーティング
16日 ＡＡ河原町五条ミーティング
17日 ＡＡ姉小路ミーティング

18日 滋賀県断酒同友会 大津支部
19日 ＡＡ出町柳ミーティング
20日 ＡＡ洛陽ミーティング
21日 ＡＡ小山ミーティング
22日 ＡＡ大津ミーティング
23日 ＡＡオネスティ唐崎
ＡＡ河原町五条ミーティング
24日 ＡＡ姉小路ミーティング
25日 滋賀県断酒同友会 大津支部
26日 滋賀県断酒同友会 堅田支部
27日 京都府断酒平安会 山科支部
28日 京都府断酒平安会 左京支部
3月1日 ＡＡ大津ミーティング
ＡＡ大津ミーティング
2日 ＡＡ河原町五条ミーティング
3日 ＡＡ姉小路ミーティング
4日 滋賀県断酒同友会 大津支部
5日 京都府断酒平安会 本部例会
6日 京都府断酒平安会 壬生支部
7日 京都府断酒平安会 下京支部
8日 滋賀県断酒同友会 守山支部
9日 ＡＡオネスティ唐崎
ＡＡオネスティ唐崎
ＡＡ河原町五条ミーティング
10日 京都府断酒平安会 葵支部
11日 滋賀県断酒同友会 大津支部
12日 ＡＡ出町柳ミーティング
13日 京都府断酒平安会 南伏見支部
14日 京都府断酒平安会 洛南支部
15日 京都府断酒平安会 西陣支部
16日 いわくら病院断酒会

25日 AA河原町五条ミーティング
28日 滋賀県断酒同友会 大津支部
29日 安東医院院内例会
31日 京都府断酒平安会 西山支部
4月1日 京都府断酒平安会 東山支部
安東医院〔アルコール講座〕
2日 滋賀県断酒同友会 大津支部
3日 京都府断酒平安会 昼例会
4日 滋賀県断酒同友会 瀬田支部
滋賀県断酒同友会 野洲昼例会
6日 京都府断酒平安会 左京支部
8日 滋賀県断酒同友会 本部例会
安東医院〔アルコール講座〕
10日 滋賀県断酒同友会 大津支部
11日 京都府断酒平安会 壬生支部
12日 滋賀県断酒同友会 野洲昼例会
14日 京都府断酒平安会 醍醐支部
安東医院グループミーティング
15日 滋賀県断酒同友会 草津支部
安東医院〔アルコール講座〕
17日 滋賀県断酒同友会 大津支部
18日 京都府断酒平安会 山科支部
滋賀県断酒同友会 野洲昼例会
19日 滋賀県断酒同友会 高島支部
安東医院月例会
20日 京都府断酒平安会 西陣支部
いわくら病院おたぎ会（OB・OG会）
21日 安東医院グループミーティング
京都府断酒平安会 田辺支部
22日 安東医院〔アルコール講座〕
滋賀県断酒同友会 大津支部

23日 滋賀県断酒同友会 信楽支部
24日 京都府断酒平安会 洛北支部
25日 滋賀県断酒同友会 野洲昼例会
28日 安東医院グループミーティング
京都府断酒平安会 右京支部
29日 京都府断酒平安会 北山支部
5月1日 滋賀県断酒同友会 栗東支部
2日 滋賀県断酒同友会 野洲昼例会
3日 滋賀県断酒同友会 本部例会
5日 東大阪断酒会 布施西支部
6日 京都府断酒平安会 大久保支部
7日 滋賀県断酒同友会 堅田支部
8日 京都府断酒平安会 洛北支部
9日 滋賀県断酒同友会 野洲昼例会
10日 京都府断酒平安会 桂支部
11日 京都府断酒平安会 本部例会
12日 安東医院グループミーティング
13日 安東医院〔アルコール講座〕
滋賀県断酒同友会 大津支部
16日 京都府断酒平安会 宇治支部
17日 安東医院月例会
滋賀県断酒同友会 近江八幡支部
18日 いわくら病院おたぎ会（OB・OG会）
19日 安東医院グループミーティング
滋賀県断酒同友会 草津支部
20日 安東医院〔アルコール講座〕
滋賀県断酒同友会 大津支部
22日 京都府断酒平安会 壬生支部
23日 滋賀県断酒同友会 野洲昼例会
東大阪断酒会 布施支部
25日 アルコール健康障害対策基本法推進の集い

in 東京

27日　安東医院〔アルコール講座〕

滋賀県断酒同友会 大津支部

30日　滋賀県断酒同友会 野洲昼例会

京都府断酒平安会 左京支部

6月2日　安東医院〔アルコール講座〕

3日　滋賀県断酒同友会 大津支部

4日　滋賀県断酒同友会 彦根支部

6日　滋賀県断酒同友会 野洲昼例会

10日　滋賀県断酒同友会 瀬田支部

滋賀県断酒同友会 大津支部

13日　滋賀県断酒同友会 野洲昼例会

京都府断酒平安会 洛南支部

14日　京都府断酒平安会 西山支部

15日　いわくら病院おたぎ会（OB・OG会）

17日　安東医院〔アルコール講座〕

滋賀県断酒同友会 大津支部

19日　滋賀県断酒同友会 瀬田支部

20日　滋賀県断酒同友会 野洲昼例会

21日　安東医院月例会

AA洛陽ミーティング

22日　AAオネスティ唐崎

24日　安東医院〔アルコール講座〕

滋賀県断酒同友会 大津支部

27日　滋賀県断酒同友会 野洲昼例会

7月1日　安東医院〔アルコール講座〕

滋賀県断酒同友会 大津支部

3日　滋賀県断酒同友会 甲南支部

4日　滋賀県断酒同友会 野洲昼例会

6日　滋賀県断酒同友会 本部例会

7日　AA姉小路ミーティング

8日　滋賀県断酒同友会 大津支部

9日　滋賀県断酒同友会 八日市支部

11日　滋賀県断酒同友会 野洲昼例会

14日　東大阪断酒会 布施西支部

15日　安東医院〔アルコール講座〕

滋賀県断酒同友会 大津支部

16日　京都府断酒平安会 本部例会

18日　滋賀県断酒同友会 野洲昼例会

19日　安東医院月例会

AA安東医院メッセージ

20日　いわくら病院おたぎ会（OB・OG会）

22日　安東医院〔アルコール講座〕

滋賀県断酒同友会 大津支部

24日　京都府断酒平安会 壬生支部

25日　滋賀県断酒同友会 野洲昼例会

27日　滋賀県断酒同友会 本部例会

8月1日　滋賀県断酒同友会 野洲昼例会

2日　特例非営利活動法人京都府断酒連合会

5日　安東医院〔アルコール講座〕

滋賀県断酒同友会 大津支部

8日　滋賀県断酒同友会 野洲昼例会

11日　滋賀県断酒同友会 草津支部

12日　安東医院〔アルコール講座〕

滋賀県断酒同友会 大津支部

13日　京都府断酒平安会 昼例会

15日　滋賀県断酒同友会 野洲昼例会

17日　いわくら病院おたぎ会（OB・OG会）

19日　安東医院〔アルコール講座〕

滋賀県断酒同友会 大津支部

22日　滋賀県断酒同友会 野洲昼例会

23日　安東医院月例会

AA安東医院メッセージ
26日 滋賀県断酒同友会 近江八幡支部
京都府断酒平安会 北桑支部
滋賀県断酒同友会 大津支部
29日 京都府断酒平安会 伏見支部
30日 京都府断酒平安会 亀岡支部
9月2日 安東医院〔アルコール講座〕
滋賀県断酒同友会 大津支部
4日 京都府断酒平安会 南伏見支部
5日 滋賀県断酒同友会 野洲昼例会
6日 島本断酒会
7日 大阪府断酒会記念大会
9日 安東医院〔アルコール講座〕
滋賀県断酒同友会 大津支部
12日 滋賀県断酒同友会 野洲昼例会
14日 奈良県断酒連合会
16日 安東医院〔アルコール講座〕
滋賀県断酒同友会 大津支部
19日 滋賀県断酒同友会 野洲昼例会
20日 安東医院月例会
AA安東医院メッセージ
21日 いわくら病院断酒会
23日 京都府断酒平安会 大久保支部
25日 京都府精神保健福祉総合センター
（依存症セミナー）
26日 滋賀県断酒同友会 野洲昼例会
京都府断酒平安会 下京支部
28日 AAオネスティ唐崎
ステップセミナー
29日 AA姉小路ミーティング
30日 安東医院〔アルコール講座〕

滋賀県断酒同友会 大津支部
10月4日 第五一回全日本断酒連盟釧路大会交流会
5日 第五一回全日本断酒連盟釧路大会
7日 安東医院〔アルコール講座〕
滋賀県断酒同友会 大津支部
12日 滋賀県断酒同友会
14日 安東医院〔アルコール講座〕
滋賀県断酒同友会 大津支部
16日 滋賀県断酒同友会 栗東支部
17日 滋賀県断酒同友会 野洲昼例会
18日 安東医院月例会
AA安東医院メッセージ
19日 いわくら病院おたぎ会（OB・OG会）
20日 東大阪断酒会 布施西支部
21日 安東医院〔アルコール講座〕
滋賀県断酒同友会 大津支部
24日 滋賀県断酒同友会 野洲昼例会
26日 奈良県断酒連合会記念大会
28日 安東医院〔アルコール講座〕
滋賀県断酒同友会 大津支部
31日 新生会病院院内断酒会
11月1日 第二北山病院院内例会
3日 尼崎市断酒会
4日 安東医院〔アルコール講座〕
滋賀県断酒同友会 大津支部
7日 滋賀県断酒同友会 彦根支部
11日 安東医院〔アルコール講座〕
滋賀県断酒同友会 大津支部
13日 高槻西支部
14日 池田市断酒会
15日 安東医院月例会

16日　AA安東医院メッセージ
18日　いわくら病院おたぎ会（OB・OG会）
　　　安東医院〔アルコール講座〕
21日　滋賀県断酒同友会 大津支部
22日　滋賀県断酒同友会 野洲昼例会
23日　枚方断酒会 枚方支部
25日　AAオネスティ唐崎
　　　安東医院〔アルコール講座〕
27日　滋賀県断酒同友会 大津支部
28日　京都府断酒平安会 壬生支部
12月1日　滋賀県断酒同友会 野洲昼例会
2日　京都府断酒平安会 長岡京支部
　　　安東医院〔アルコール講座〕
5日　滋賀県断酒同友会 大津支部
　　　京都府精神保健福祉総合センター
　　　（依存症セミナー）
9日　京都府断酒平安会 左京支部
　　　安東医院〔アルコール講座〕
12日　滋賀県断酒同友会 大津支部
14日　滋賀県断酒同友会 野洲昼例会
16日　AAオネスティ唐崎
　　　安東医院〔アルコール講座〕
19日　滋賀県断酒同友会 大津支部
20日　滋賀県断酒同友会 野洲昼例会
　　　安東医院月例会
21日　AA安東医院メッセージ
　　　いわくら病院おたぎ会（OB・OG会）
26日　滋賀県断酒同友会 野洲昼例会
27日　京都府断酒平安会 中京支部
28日　AAオネスティ唐崎

2015年

1月1日　滋賀県断酒同友会 元旦例会
6日　安東医院〔アルコール講座〕
　　　滋賀県断酒同友会 大津支部
9日　滋賀県断酒同友会 野洲昼例会
10日　AA大津ミーティング
11日　滋賀県断酒同友会 本部例会
13日　安東医院〔アルコール講座〕
　　　依存症回復ミーティングARM
　　　滋賀県断酒同友会 大津支部
16日　滋賀県断酒同友会 野洲昼例会
　　　京都府断酒平安会 左京支部
17日　安東医院月例会
19日　東大阪断酒会 布施西支部
20日　安東医院〔アルコール講座〕
　　　滋賀県断酒同友会 大津支部
21日　滋賀県断酒同友会 堅田支部
22日　京都府断酒平安会 南伏見支部
23日　滋賀県断酒同友会 野洲昼例会
25日　AAオネスティ唐崎
27日　安東医院〔アルコール講座〕
　　　滋賀県断酒同友会 大津支部
30日　滋賀県断酒同友会 野洲昼例会
　　　滋賀県断酒同友会 甲賀支部
2月3日　安東医院〔アルコール講座〕
　　　滋賀県断酒同友会 大津支部
5日　京都府断酒平安会 山科支部
6日　滋賀県断酒同友会 野洲昼例会
8日　AAオネスティ唐崎
10日　滋賀県断酒同友会 大津支部
17日　安東医院〔アルコール講座〕
　　　滋賀県断酒同友会 大津支部

19日 滋賀県断酒同友会 瀬田支部
20日 滋賀県断酒同友会 野洲昼例会
21日 滋賀県断酒同友会 守山支部
24日 安東医院〔アルコール講座〕
滋賀県断酒同友会 大津支部
27日 滋賀県断酒同友会 野洲昼例会
3月2日 滋賀県断酒同友会 草津支部
3日 安東医院〔アルコール講座〕
滋賀県断酒同友会 大津支部
6日 滋賀県断酒同友会 野洲昼例会
8日 AAオネスティ唐崎
10日 安東医院〔アルコール講座〕
滋賀県断酒同友会 大津支部
12日 京都府断酒平安会 壬生支部
13日 滋賀県断酒同友会 野洲昼例会
15日 新阿武山病院きづな会
16日 京都府断酒平安会 田辺支部
17日 安東医院〔アルコール講座〕
滋賀県断酒同友会 大津支部
18日 京都府断酒平安会 昼例会
20日 滋賀県断酒同友会 野洲昼例会
21日 京都府断酒平安会 西山支部
22日 いわくら病院断酒会
24日 安東医院〔アルコール講座〕
滋賀県断酒同友会 大津支部
25日 滋賀県断酒同友会 堅田支部
27日 滋賀県断酒同友会 野洲昼例会
28日 京都府断酒平安会 桂支部
31日 安東医院〔アルコール講座〕
滋賀県断酒同友会 大津支部
4月3日 京都府断酒平安会 左京支部

7日 滋賀県断酒同友会 大津支部
12日 滋賀県断酒同友会 本部例会
13日 東大阪断酒会 布施西支部
14日 滋賀県断酒同友会 大津支部
17日 滋賀県断酒同友会 高島支部
18日 安東医院月例会
AA安東医院メッセージ
19日 いわくら病院おたぎ会（OB・OG会）
21日 滋賀県断酒同友会 大津支部
22日 滋賀県断酒同友会 信楽支部
24日 滋賀県断酒同友会 野洲昼例会
28日 滋賀県断酒同友会 大津支部
5月3日 滋賀県断酒同友会 本部例会
6日 吹田市断酒会
9日 島本断酒会
12日 滋賀県断酒同友会 大津支部
15日 滋賀県断酒同友会 野洲昼例会
17日 滋賀県断酒同友会 草津支部
18日 草津朝例会
19日 滋賀県断酒同友会 大津支部
25日 AA姉小路ミーティング
26日 滋賀県断酒同友会 大津支部
29日 滋賀県断酒同友会 野洲昼例会
31日 京都府断酒平安会
6月2日 滋賀県断酒同友会 大津支部
6日 京都府断酒平安会 西山支部
7日 茨木市断酒会 記念大会
9日 滋賀県断酒同友会 大津支部
滋賀県断酒同友会 瀬田支部
11日 滋賀県断酒同友会 瀬田支部
14日 AAオネスティ唐崎

16日　滋賀県断酒同友会 大津支部
19日　滋賀県断酒同友会 野洲昼例会
20日　AA安東医院メッセージ
　　　京都府断酒平安会 西陣支部
21日　いわくら病院おたぎ会（OB・OG会）
23日　滋賀県断酒同友会 大津支部
30日　滋賀県断酒同友会 大津支部
7月2日　滋賀県断酒同友会 甲南支部
3日　滋賀県断酒同友会 野洲昼例会
4日　AA大津ミーティング
11日　京都府断酒平安会 亀岡支部
14日　滋賀県断酒同友会 大津支部
17日　滋賀県断酒同友会 野洲昼例会
20日　枚方断酒会一日研修会
21日　滋賀県断酒同友会 大津支部
23日　京都府断酒平安会 壬生支部
28日　安東医院〔アルコール講座〕
　　　滋賀県断酒同友会 大津支部
31日　滋賀県断酒同友会 野洲昼例会
8月2日　北摂断酒連合会一日研修会
3日　京都府断酒平安会 長岡京支部
4日　安東医院〔アルコール講座〕
　　　滋賀県断酒同友会 大津支部
9日　第8回アディクションフォーラム滋賀
11日　安東医院〔アルコール講座〕
　　　滋賀県断酒同友会 大津支部
18日　安東医院〔アルコール講座〕
　　　滋賀県断酒同友会 大津支部
21日　滋賀県断酒同友会 野洲昼例会
22日　滋賀県断酒同友会 近江八幡支部
25日　安東医院〔アルコール講座〕

28日　滋賀県断酒同友会 大津支部
　　　池田市断酒会
9月1日　安東医院〔アルコール講座〕
　　　滋賀県断酒同友会 大津支部
4日　滋賀県断酒同友会 野洲昼例会
5日　島本断酒会
8日　安東医院〔アルコール講座〕
　　　滋賀県断酒同友会 大津支部
10日　京都府精神保健福祉総合センター
　　　（依存症セミナー）
12日　京都府断酒平安会 左京支部
15日　滋賀県断酒同友会 大津支部
18日　滋賀県断酒同友会 野洲昼例会
28日　東大阪断酒会 布施西支部
29日　滋賀県断酒同友会 大津支部
10月6日　滋賀県断酒同友会 大津支部
11日　AAオネスティ唐崎
13日　滋賀県断酒同友会 大津支部
16日　滋賀県断酒同友会 野洲昼例会
20日　おおつ地域福祉研修会（未来塾）
　　　滋賀県断酒同友会 大津支部
22日　滋賀県断酒同友会 栗東支部
25日　東大阪断酒会一日研修会
27日　滋賀県断酒同友会 大津支部
11月1日　滋賀県断酒同友会 本部例会
　　　滋賀県断酒同友会 本部例会
4日　兵庫県東播断酒会 加古川支部例会
6日　滋賀県断酒同友会 彦根支部
8日　AAオネスティ唐崎
10日　滋賀県断酒同友会 大津支部
17日　滋賀県断酒同友会 大津支部

24日 滋賀県断酒同友会 大津支部
12月4日 滋賀県断酒同友会 野洲昼例会
8日 滋賀県断酒同友会 大津支部
11日 京都府精神保健福祉総合センター（依存症セミナー）
13日 AAオネスティ唐崎
15日 滋賀県断酒同友会 大津支部
22日 滋賀県断酒同友会 大津支部

2016年

1月1日 滋賀県断酒同友会 元旦例会
5日 滋賀県断酒同友会 大津支部
8日 滋賀県断酒同友会 野洲昼例会
12日 滋賀県断酒同友会 大津支部
15日 京都府断酒平安会 左京支部
18日 東大阪断酒会 布施西支部
19日 おおつ地域福祉研修会（未来塾）
滋賀県断酒同友会 大津支部
22日 滋賀県断酒同友会 甲賀支部
26日 滋賀県断酒同友会 大津支部
29日 滋賀県断酒同友会 野洲昼例会
2月2日 安東医院〔アルコール講座〕
滋賀県断酒同友会 大津支部
9日 滋賀県断酒同友会 大津支部
12日 滋賀県断酒同友会 野洲昼例会
16日 安東医院〔アルコール講座〕
滋賀県断酒同友会 大津支部
おおつ地域福祉研修会（未来塾）
20日 滋賀県断酒同友会 守山支部
23日 安東医院〔アルコール講座〕
滋賀県断酒同友会 大津支部
28日 AAオネスティ唐崎
3月1日 安東医院〔アルコール講座〕
滋賀県断酒同友会 大津支部
4日 滋賀県断酒同友会 野洲昼例会
6日 滋賀県断酒同友会（研修会）
滋賀県断酒同友会 本部例会
8日 滋賀県断酒同友会 大津支部
11日 滋賀県断酒同友会 野洲昼例会
13日 AAオネスティ唐崎
15日 滋賀県断酒同友会 大津支部
おおつ地域福祉研修会（未来塾）
17日 京都府断酒平安会 洛北支部
22日 安東医院〔アルコール講座〕
滋賀県断酒同友会 大津支部
26日 京都府断酒平安会 桂支部
29日 安東医院〔アルコール講座〕
滋賀県断酒同友会 大津支部
4月1日 京都府断酒平安会 左京支部
3日 滋賀県断酒同友会 本部例会
5日 滋賀県断酒同友会 大津支部
8日 滋賀県断酒同友会 高島支部
12日 滋賀県断酒同友会 大津支部
17日 いわくら病院おたぎ会（OB・OG会）
19日 おおつ地域福祉研修会（未来塾）
滋賀県断酒同友会 大津支部
20日 滋賀県断酒同友会 信楽支部
23日 滋賀県断酒同友会
24日 滋賀県断酒同友会
25日 東大阪断酒会 布施西支部
26日 滋賀県断酒同友会 大津支部
5月4日 滋賀県断酒連合会 東近江断酒会
7日 安東医院ハイキング
10日 滋賀県断酒同友会 大津支部

15日　芦屋断酒会
17日　滋賀県断酒同友会 大津支部
20日　滋賀県断酒連絡会 野洲断酒会
22日　京都府断酒平安会
23日　滋賀県断酒同友会 草津支部
24日　滋賀県断酒同友会 大津支部
29日　池田市断酒会
31日　滋賀県断酒同友会 大津支部
6月4日　京都府断酒平安会 西山支部
7日　滋賀県断酒同友会 大津支部
　　滋賀県断酒同友会 瀬田支部
10日　京都府断酒平安会 洛南支部
14日　滋賀県断酒同友会 大津支部
15日　兵庫県川西断酒会 中央支部
17日　滋賀県断酒連絡会 野洲断酒会
19日　NPO法人おかやま たけのこの会
21日　滋賀県断酒同友会 大津支部
25日　東淀川断酒会 上新庄支部
26日　AAオネスティ唐崎
28日　滋賀県断酒同友会 大津支部
7月1日　滋賀県断酒連絡会 野洲断酒会
　　京都府断酒平安会 宇治支部
2日　豊中市断酒会 庄内南支部
5日　滋賀県断酒同友会 大津支部
6日　東淀川断酒会 淡路支部
12日　滋賀県断酒同友会 大津支部
19日　滋賀県断酒同友会 大津支部
26日　滋賀県断酒同友会 大津支部
8月2日　滋賀県断酒同友会 大津支部
7日　滋賀県断酒同友会 本部例会
9日　安東医院「アルコール講座」

　　滋賀県断酒同友会 大津支部
12日　滋賀県断酒連絡会 野洲断酒会
16日　滋賀県断酒同友会 大津支部
20日　滋賀県断酒同友会 近江八幡支部
23日　安東医院「アルコール講座」
　　おおつ地域福祉研修会（未来塾）
24日　東大阪断酒会昼例会
28日　三重断酒新生会 松坂ブロック41周年記念大会（著者が基調講演「がんとアルコール依存症、転んでもタダでは起きぬ社会学―楽天的闘病論」）
9月6日　安東医院「アルコール講座」
12日　東大阪断酒会 布施西支部
15日　京都府精神保健福祉総合センター（依存症セミナー）
20日　安東医院「アルコール講座」
24日　京都マック
　　東大阪断酒会 本部例会
26日　東大阪断酒会 布施西支部
10月3日　東大阪断酒会 布施西支部
4日　安東医院「アルコール講座」
18日　おおつ地域福祉（未来塾）
21日　滋賀県断酒連絡会 野洲断酒会
23日　AAオネスティ唐崎
31日　東大阪断酒会 布施西支部
11月1日　安東医院「アルコール講座」
12日　滋賀県断酒連絡会 野洲断酒会
14日　東大阪断酒会 布施西支部
21日　東大阪断酒会 布施西支部
12月5日　東大阪断酒会 布施西支部
9日　滋賀県断酒連絡会 野洲断酒会

2017年

1月
11日 AAオネスティ唐崎
12日 東大阪断酒会 布施西支部
19日 東大阪断酒会 布施西支部
2日 東大阪断酒会 正月例会
6日 滋賀県断酒連絡会 野洲断酒会
13日 京都府断酒平安会 左京支部
17日 安東医院〔アルコール講座〕
おおつ地域福祉研修会（未来塾）
20日 滋賀県断酒同友会 甲賀支部
23日 東大阪断酒会 布施西支部
27日 滋賀県断酒連絡会 野洲断酒会
30日 東大阪断酒会 布施西支部

2月
3日 滋賀県断酒連絡会 野洲断酒会
20日 東大阪断酒会 布施西支部
21日 おおつ地域福祉研修会（未来塾）
28日 安東医院〔アルコール講座〕

3月
10日 京都府精神保健福祉総合センター
（依存症セミナー）
12日 AAオネスティ唐崎
13日 東大阪断酒会 布施西支部
17日 滋賀県断酒連絡会 野洲断酒会
20日 東大阪断酒会45周年記念大会
（本書の80頁参照）
21日 安東医院〔アルコール講座〕
おおつ地域福祉研修会（未来塾）
25日 東大阪断酒会 本部例会
28日 安東医院〔アルコール講座〕

4月
3日 東大阪断酒会 布施西支部
6日 京都府断酒平安会 壬生支部
7日 滋賀県断酒連絡会 野洲断酒会
京都府断酒平安会 左京支部

10日 東大阪断酒会 布施西支部
11日 京都府断酒平安会 大久保支部
16日 いわくら病院おたぎ会（OB・OG会）
22日 東大阪断酒会 本部例会
24日 東大阪断酒会 布施西支部

5月
8日 東大阪断酒会 布施西支部
12日 滋賀県断酒連絡会 野洲断酒会
15日 東大阪断酒会 布施西支部
22日 東大阪断酒会 布施西支部
29日 東大阪断酒会 布施西支部

6月
5日 東大阪断酒会 布施西支部
12日 東大阪断酒会 布施西支部
16日 滋賀県断酒連絡会 野洲断酒会
19日 東大阪断酒会 布施西支部
20日 おおつ地域福祉研修会（未来塾）

7月
3日 東大阪断酒会 布施西支部
9日 AAオネスティ唐崎
10日 東大阪断酒会 布施西支部
14日 滋賀県断酒連絡会 野洲断酒会
24日 東大阪断酒会 布施西支部

8月
22日 おおつ地域福祉研修会（未来塾）
29日 安東医院〔アルコール講座〕

9月
15日 滋賀県断酒連絡会 野洲断酒会
19日 おおつ地域福祉研修会（未来塾）
25日 東大阪断酒会 布施西支部

10月
2日 東大阪断酒会 布施西支部
16日 東大阪断酒会 布施西支部
30日 東大阪断酒会 布施西支部

11月
4日 安東医院ハイキング
9日 AAオネスティ唐崎
17日 滋賀県断酒連絡会 野洲断酒会

2018年

20日 東大阪断酒会 布施西支部
21日 おおつ地域福祉研修会未来塾
12月4日 東大阪断酒会 布施西支部
10日 AAオネスティ唐崎
11日 東大阪断酒会 布施西支部
18日 東大阪断酒会 布施西支部
1月12日 滋賀県断酒連絡会 野洲断酒会
15日 東大阪断酒会 布施西支部
22日 東大阪断酒会 布施西支部
2月6日 安東医院〔アルコール講座〕
9日 滋賀県断酒連絡会 野洲断酒会
26日 東大阪断酒会 布施西支部
3月6日 安東医院〔アルコール講座〕
11日 AAオネスティ唐崎
20日 おおつ地域福祉研修会（未来塾）
4月6日 滋賀県断酒連絡会 野洲断酒会
9日 東大阪断酒会 布施西支部
15日 いわくら病院おたぎ会（OB・OG会）
23日 東大阪断酒会 布施西支部
28日 東大阪断酒会 布施西支部
5月7日 東大阪断酒会 布施西支部
21日 東大阪断酒会 布施西支部
7月9日 東大阪断酒会 布施西支部
13日 滋賀県断酒連絡会 野洲断酒会
23日 東大阪断酒会 布施西支部
31日 安東医院〔アルコール講座〕
10月1日 東大阪断酒会 布施西支部
29日 東大阪断酒会 布施西支部
12月9日 AAオネスティ唐崎
17日 東大阪断酒会 布施西支部

2019年

2月1日 滋賀県断酒連絡会 野洲断酒会
2月19日 おおつ地域福祉研修会（未来塾）
（著者が講演「２０１８年ニュースの裏側を射抜く！――元アイドルのアルコール問題など――」）
3月19日 おおつ地域福祉研修会（未来塾）
4月8日 東大阪断酒会 布施西支部
4月21日 いわくら病院おたぎ会（OB・OG会）
4月27日 東大阪断酒会 本部例会（著者、断酒5年表彰！）
7月29日 東大阪断酒会 布施西支部
9月1日 大阪府断酒会創立53周年記念大会（著者、断酒5年表彰5年受賞）

《著者紹介》
前 田 益 尚（まえだ ますなお）
近畿大学文芸学部教授

1964年生まれ，大津市出身
滋賀県立膳所高校卒
法政大学社会学部卒
成城大学大学院文学研究科コミュニケーション学専攻博士後期課程単位取得退学

法政大学社会学部兼任講師，近畿大学文芸学部准教授を経て，現職

専門領域：メディア論，社会学

所属学会：
日本社会学会，関西社会学会，関東社会学会，日本マス・コミュニケーション学会，情報通信学会，日本社会心理学会，日本アルコール関連問題学会，関西アルコール関連問題学会

主な著作：
『マス・コミュニケーション単純化の論理――テレビを視る時は，直観リテラシーで――』晃洋書房，2018年
『大学というメディア論――授業は，ライヴでなければ生き残れない――』幻冬舎ルネッサンス新書，2017年
『楽天的闘病論――がんとアルコール依存症，転んでもタダでは起きぬ社会学――』晃洋書房，2016年ほか

東大阪断酒会布施西支部所属
東大阪市アルコール関連問題会議メンバー

脱アルコールの哲学
――理屈でデザインする酒のない人生――

二〇一九年一〇月一〇日　初版第一刷発行

著　者　前田益尚©
発行者　植田　実
印刷者　江戸孝典

発行所　株式会社　晃洋書房
京都市右京区西院北矢掛町七
電話　〇七五（三一二）〇七八八（代）
振替口座　〇一〇四〇—六—三二二八〇

＊定価はカバーに表示してあります

印刷・製本　㈱エーシーティー
装丁　㈱クオリアデザイン事務所
ISBN 978-4-7710-3229-3

好評既刊書

楽天的闘病論

がんとアルコール依存症,
転んでもタダでは起きぬ社会学

前田 益尚

C0036 ISBN 978-4-7710-2728-2
四六判 208頁 並製 定価 2,200円（税別）

2007年、下咽頭がんの診断を受け、奇跡の手術によって声帯を残したまま現場へ復帰。その後、これまで目を背けていたアルコール依存症の症状が悪化し、2013年に緊急入院。大学を休職し、本格的な断酒治療を開始。病と、医療と、上手に付き合い楽しく乗り超える術を伝授します。

マス・コミュニケーション単純化の論理

テレビを視る時は，直観リテラシーで

前田 益尚

C1036 ISBN 978-4-7710-3083-1
四六判 138頁 上製 定価 1,500円（税別）

マス・コミュニケーション理論を「送り手」「メディア」「内容」「受け手」の４つに単純化し、テレビを切り口に、わかりやすく解説。虚実入り乱れる情報社会でしたたかに生き抜くために、本質を見抜く眼（直観）を鍛え、実践的なリテラシーを体得する。単純明快な「マスコミ理論」。